Einfach machen

In fünf Jahren zum erfolgreichen Unternehmen – die verrückte Firmengeschichte von mobiheat

Christian Chymyn &
Andreas Lutzenberger

erschienen im 3H-Verlag

1.Auflage 2017

2. Auflage 2018

Bibliografische Information der Deutschen Bibliothek
Die Deutsche Bibliothek verzeichnet diese Publikation in der Deutschen Nationalbibliografie; detaillierte bibliografische Daten sind im Internet über http://dnb.ddb.de abrufbar.

Christian Chymyn & Andreas Lutzenberger
Einfach machen
In fünf Jahren zum erfolgreichen Unternehmen –
die verrückte Firmengeschichte von mobiheat

ISBN:	978-3981859034
Lektorat:	Cornelia Wilhelm, Nina Praun
Coverdesign:	creationell – Die Werbeagentur.
Coverfoto:	Lichtwerk Fotografie
Satz & Layout:	Daniel Reitmeier
Druck:	Druckerei Mayer & Söhne, Aichach

2. Aufl. 2018, Augsburg

URL: www.3h-verlag.de

In jeder Sekunde unseres Lebens sind
wir frei, alles über den Haufen zu
werfen und neu zu beginnen.

Reinhard K. Sprenger

Vorwort zur zweiten Auflage

Wenn ein Buch innerhalb eines Jahres nachgedruckt werden muss, trifft es offenbar einen Nerv. Dies ist natürlich für uns Autoren die schönste Honorierung unserer Arbeit. Für das große Interesse danken wir unseren Lesern herzlich!

An einem Freitagabend, am 19. Mai 2017, stellten wir unser Erstlingswerk „EINFACH MACHEN“ im schönen Ballsaal des Augsburger Nobelhotels Drei Mohren vor. Es war für uns ein unvergesslicher Abend. Im Saal saßen 250 Gäste, während wir hinter der Bühne mit einem schnellen Bier versuchten, unsere Aufregung ein bisschen im Zaum zu halten.

Obwohl wir eigentlich keine Ahnung hatten, wie so eine Buchpräsentation ablaufen sollte, klappte es richtig gut und wir schafften es, unsere Gäste zu unterhalten. Das war der Startschuss für den heutigen Medienverlag mit Buchvertrieb und dem Online-Fernsehformat 3H TV.

Gegenüber der ersten Auflage wurden in diesem Buch einige Verbesserungen vorgenommen. Anregungen zur dritten Auflage werden gerne entgegengenommen.

Friedberg (Bayern), Juli 2018

Helmut Schäffer, Christian Chymyn und Andreas Lutzenberger

In diesem Buch geht es nicht um den Aufbau eines weltweiten Unternehmens wie Amazon, McDonald`s oder eines Google Imperiums, sondern um die Erlebnisse der Gründer Lutzenberger und Schäffer während der Entstehungsphase eines mittelständischen Unternehmens. Der Start war weder richtig geplant, noch wurde der Aufbau im Vorhinein mit einem Business-Plan hinterlegt. Und trotzdem entstand gemeinsam mit Freunden und Bekannten ein beachtlicher Mittelständler, der heute in seiner Branche sogar der Anführer ist.
Der Blick hinter die Kulissen: Unterhaltsam, verrückt und irgendwie doch normal.
Das Buch zeigt auf, dass jeder es schaffen kann – er muss es EINFACH MACHEN!

Inhaltsverzeichnis

Vorwort

Augsburg, Freitag, 12 Uhr

Es ist zwölf Uhr mittags, wir sitzen bei diesem kleinen Italiener im Herzen Augsburgs. »Hier hat alles Große begonnen«, sagt Andreas. »Vor jedem großen Projekt waren wir hier essen«, stimmt Helmut zu. Ich habe Zweifel, ob das so groß wird, wie die beiden denken. Dann essen wir Salat mit gegrillten Putenstreifen und frischem Weißbrot. Die zwei beginnen zu erzählen.

Diese Szene liegt nun ziemlich genau acht Monate zurück. Das Große, das damals besprochen wurde, war ein Buch. Nämlich selbiges, das Sie gerade in Ihren Händen halten. Ein Buch also – ein Buch über eine außergewöhnliche Firmengeschichte, über außergewöhnliche Wege, die man als Unternehmer manchmal gehen muss und über ein außergewöhnliches Glück, das einem oft beschert wird. Vor allem aber soll das Buch die gute Nachricht vermitteln, dass dieses Außergewöhnliche gar nicht wirklich so außergewöhnlich ist, sondern von jedem erreicht werden kann, der bereit ist, die vorgetrampelten Unternehmerwege hin und wieder zu verlassen, um barfuß etwas neben dem Weg zu laufen, um das Kribbeln an den Füßen wieder zu spüren.

Aber jetzt mal brav der Reihe nach. Da meine Eltern mir beigebracht haben, nicht einfach in irgendeine Unterhaltung hineinzuplatzen, sondern sich erst einmal vorzustellen, will ich diese Höflichkeitsform auch hier wahren. Ob man das so macht oder nicht, weiß ich gar nicht. Das ist aber egal, denn manchmal muss man Dinge einfach tun, ohne sich tausend Gedanken darüber zu machen, ob man sie tun soll. Aber dazu später mehr.

Also, ich heiße Christian Chymyn, bin 40 Jahre alt und eigentlich der falsche Mann, dieses Buch zu schreiben. Mit Unternehmensaufbau, Mitarbeiterführung und der Wirtschaftlichkeit eines Betriebes hatte ich bisher so viel zu tun wie eine russische Eiskunstläuferin mit der Baumwollernte in Südafrika. Ich weiß, dass Sie sich jetzt zwei Fragen stellen. Wieso schreibt er dann dieses Buch, wenn er der Falsche dafür ist? Und: Wo kommt der seltsame Nachname denn her? Damit wir uns zusammen bald auf das Wesentliche konzentrieren können, kläre ich diese Fragen sofort. Der Name Chymyn kommt aus der Ukraine – genau wie mein Opa. Praktisch kamen beide im Krieg nach Deutschland, wo mein Großvater nach der Befreiung

Pizza

aus dem Dachauer Konzentrationslager die schöneren Seiten Deutschlands kennenlernen wollte und so bei meiner Großmutter landete. Der Rest verlief, wie es sich bis heute millionenfach bewährt hat: Hochzeit – Kinder – Arbeit – Tod. Auszusprechen ist dieser ukrainische Nachname, den ich bis heute ungefähr so oft buchstabiert habe wie die Flippers bei Capri die rote Sonne im Meer versenkt haben, ganz einfach: Chy… wie Tschüss und …myn wie München. Chy-myn. So, dann hätten wir diese Frage also schon mal geklärt. Zur zweiten: Wie komme ich dazu, eine Firmengeschichte aufzuschreiben, die auch noch den Anspruch hat, eine leichte Kost für den Leser zu sein? Dazu muss ich vielleicht kurz etwas ausholen und in meine Historie abschweifen. Die vergangenen 15 Jahre habe ich als Redakteur bei verschiedenen Radiosendern und in der Redaktion des Münchner Merkur gearbeitet. Dazwischen bin ich zwei Jahre mit einer Volksmusik- und Schlagertournee durch Deutschland getourt, wo ich mit für das Bühnenprogramm verantwortlich war.

Doch dann kam dieser Zeitpunkt, an dem ich überzeugt wurde, dass mobile Heizzentralen weitaus spannender sein können, als Interviews, Mord und Totschlag oder Zuschauerzahlen. Zwar weiß ich heute immer noch, welcher der beiden Wildecker Herzbuben Wolfgang und welcher Wilfried heißt und wie man eine Zeitungsseite layoutet – weiß aber nicht, wie genau eine Umwälzpumpe funktioniert oder ein

Heizstab gewechselt wird. Trotzdem hat diese Firma, über deren Geschichte ich berichte, etwas Besonderes. Nämlich einen Geist. »Spirit« würde man wohl im Radiobeitrag sagen.

Ich kam im Sommer 2014 mit diesem Unternehmen in Berührung. Ich stand mitten in der Redaktion, als mein Handy klingelte. »Hallo, hier ist Petra Bernhard von mobiheat.« Petra wer? Von mobi was? Sie klärte mich auf. Sie erzählte mir, sie habe meine Nummer von ihrem Kollegen Tobi. Tobias Meisl war nicht nur ihr Kollege, sondern auch der Cousin dieser Petra. Das wusste ich allerding zu diesem Zeitpunkt noch nicht. Es war auch nicht wichtig. Was ich allerdings wusste, dass Tobias Meisl seit einigen Jahren ein guter Kumpel von mir ist. Wir haben schon das ein oder andere Glas zusammen geleert. Und plötzlich fiel mir auch wieder ein, dass ich dieses mobiheat auch schon mal auf Tobis Auto gelesen habe. Er fährt ein Firmenauto, das mir immer sehr bunt vorkam. Ich wusste zwar, dass er irgendwann die Techniker-Schule besucht hat und jetzt wohl etwas mit Heizungen macht, jedoch haben wir das nie vertieft, weil wir immer wichtigere Gesprächsthemen gefunden haben als die Arbeit.

Diese Petra erzählte mir, dass sie für die Pressearbeit bei eben dieser Firma mobiheat zuständig sei und dass demnächst ein großes Projekt in Augsburg anstehe, über das berichtet werden sollte. Sie fragte mich, ob

ich mir vorstellen könnte, über dieses Projekt einen Artikel für eine Fachzeitung zu schreiben. Klar kann ich mir das vorstellen, hab ich der freundlichen Petra gesagt. Und gedacht habe ich mir, dass ich schon so viele Artikel über Dinge geschrieben habe, von denen ich nicht die geringste Ahnung hatte, dass dieser Fall nichts Neues für mich wäre. Kurz fragte ich trotzdem noch, worüber ich denn berichten sollte. Pressefrau Petra sagte mir, dass in Augsburg Wartungsarbeiten am Fernwärmenetz durchgeführt werden und dass mobiheat dafür sorgen wird, dass hunderte von Menschen, deren Wohnungen an dieses Fernwärmenetz angeschlossen sind, während der Wartungsarbeiten trotzdem eine Heizung und warmes Wasser haben. Da habe ich schon über weitaus uninteressantere Dinge geschrieben, dachte ich mir. Nachdem wir kurz über die Entlohnung gesprochen haben, sagte ich den Job zu. Damals ahnte ich nicht, dass ich ein halbes Jahr später meinen Redakteursposten an den Nagel hängen werde und heute die neue Petra bei mobiheat bin, beziehungsweise ihren Job übernommen habe, nachdem sie schwanger wurde und in Elternzeit ging. Schon bald wurde mir klar, dass dieses Unternehmen etwas anders geführt wird, als ich das bisher so kannte: Emotionaler, leidenschaftlicher und humorvoll. Und das Schöne daran: Es funktioniert. Meistens.

Allein schon meine persönliche Neugierde und mein journalistisches Vorleben befehlen mir, mich auf die Reise zu begeben, die Firmengeschichte von mobiheat zu ergründen. Ich zerkaue den letzten meiner Putenstreifen, während ich mir überlege, welche Frage ich den beiden stellen könnte, ohne dass diese zu aufgesetzt wirkt. Mein Blick fällt dabei auf den FOCUS, der vor uns auf dem Tisch liegt. Das renommierte Nachrichtenmagazin hat die 500 erfolgreichsten Unternehmen Deutschlands als Wachstumschampions 2015 ausgezeichnet. In der Kategorie Energie & Versorger wurde die mobiheat GmbH aus Friedberg gekürt. Und plötzlich bemerke ich, dass ein Gefühl in mir aufkommt, das sich fast ein bisschen so wie Stolz anfühlt. Nicht, weil ich maßgeblich zu diesem Erfolg beigetragen habe, sondern weil ich es war, der die Bewerbung für diese Auszeichnung ausgefüllt und abgeschickt hat. Es fühlt sich gut an, den Erfolg eines Unternehmens zu spüren. Das Ausfüllen des Antrags war kein großer Akt. Da aber bei der Ermittlung eines Firmenwachstums logischerweise Jahresumsätze, Mitarbeiterzahlen und ähnliches abgefragt wird, bekam ich aus der Buchhaltung und der Personalabteilung verschiedene Auskünfte über das Unternehmen. Also weiß ich jetzt, dass 2015 rund 50 Mitarbeiter bei mobiheat arbeiteten und dass ein jährlicher Umsatz von 12 Millionen Euro mit der mobilen Wärme gemacht wurde. Pro Jahr war eine Umsatzsteigerung von jeweils rund 30 Prozent zu verzeichnen. Wie gesagt, ich habe von dieser Unternehmenssache keinen blassen Schimmer, aber hier habe selbst ich gerafft, dass das nicht das Schlechteste sein kann, was hier in nur wenigen

Jahren geschafft wurde. Da bin ich also ganz der Meinung der Damen und Herren von FOCUS. Und dann waren 2015 noch die Anteilsverkäufe an einen Offenbacher Energieversorger. 74,9 Prozent hat sich die EVO gesichert. Ich habe mir erklären lassen, dass wir damit einen starken Partner im Rücken haben, der uns weiteres Wachstum möglich macht. Aha.

Mittlerweile hat die Bedienung, die Andreas und Helmut scheinbar bestens kennt, die Teller abgeräumt und Espresso und Vanilleeis serviert. Ich habe gar nicht bemerkt, wie schnell die Zeit vergangen ist. Wir sitzen jetzt schon über zwei Stunden beim Italiener und ich höre gebannt zu, was die beiden mir erzählen. Ich muss mir sogar eingestehen, dass es ziemlich spannend und interessant ist, was es über so einen Unternehmensaufbau zu berichten gibt. Und das, obwohl mir solche Geschichten bisher ziemlich egal waren.

Und dann schiebt Andreas seine Espressotasse zur Seite und legt eine Art Notizbuch auf den Tisch. Er zelebriert das fast so, also wolle er mir die geheimen Aufzeichnungen zum Verbleib des Maya-Schatzes zeigen. Was in diesem Buch steht, stellt sich die nächsten Stunden heraus, hat für Andreas und Helmut tatsächlich einen ähnlichen Wert wie der vermisste Plunder. Das schwarze Buch, das schon ein wenig abgeranzt daher kommt, ist eine Art Tagebuch. Andreas hat im Verlauf des Firmenaufbaus immer wieder Geschichten und Storys aufgeschrieben, um sie der Nachwelt zu präsentieren. Die Nachwelt – und das ist mir jetzt klar – bin in dem Moment ich. Bevor wir jedoch die erste Seite des heiligen Buches aufschlagen, besteht Helmut darauf, dass ich die Anfänge erfahre. Helmut ist 49 Jahre alt und hat für jede Gelegenheit einen passenden Spruch auf den Lippen. Mittlerweile hat er sich ein kleines Bäuchlein zugelegt, was ihn unglaublich nervt. Helmut streichelt über diesen ungeliebten Bauch, lehnt sich zurück und beginnt zu erzählen.

Andreas Lutzenberger

FOCUS
SPEZIAL
Motivation: Was Unternehmen heute bieten müssen
WACHSTUMSCHAMPIONS 2016
FOCUS
WACHSTUMS-
CHAMPION
2016
statista
mobiheat GmbH

Alles beginnt im Keller

Die Geschichte begann eigentlich im Keller von Andreas' Bruder in Kissing. Mit Kissing ist übrigens nicht das englische Geknutsche gemeint, sondern ein 11.000-Einwohner Städtchen, fünf Kilometer südlich von Augsburg. Dieses Kissing wird uns noch öfter beschäftigen. Aber zurück in den Keller. »Die haben da eine Heizung eingebaut, die nicht ging. Dann haben sie einen Fachhandwerker gebraucht«, erzählt Helmut. Ich muss es wahrscheinlich nicht extra erwähnen, aber damit meinte Helmut natürlich sich selbst. Zu dieser Zeit hatte Andreas gerade begonnen, bei Buderus zu arbeiten, Helmut war Inhaber eines Haustechnikbetriebes.

Von da an sind die beiden in Kontakt geblieben und haben sehr schnell bemerkt, dass sie irgendwie zusammenpassen. Vielleicht nicht, weil sie unbedingt gleich ticken, sondern eher, weil immer einer tickt, wenn der andere gerade nicht tickt. Ziemlich schnell waren sich die zwei einig. Und zwar einig in dem Punkt: Wir müssen was zusammen machen.

Witzigerweise empfinden es auch heute noch beide nicht unbedingt als ungewöhnlich, dass sie damals zuerst wussten, dass sie einen gemeinsamen Weg gehen wollten, jedoch nicht, welchen. Üblicherweise ist es ja so, dass es zunächst eine Geschäftsidee oder eine Idee zu einem Produkt gibt und dann erst den Plan, die Idee umzusetzen. Aber vielleicht verhält es sich hier auch wie bei der berühmten Huhn-Ei-Frage. Keiner weiß, was zuerst da war, beziehungsweise wie herum es am meisten Sinn macht. Zumindest kann man wohl sagen, dass es nicht immer die Wahnsinns-Idee sein muss, mit der man durchstartet, sondern dass einzig der Wille reicht, etwas tun zu wollen, wofür man selbst verantwortlich ist. Einfach »sein Ding« machen.

Aber was war das Ding von Andreas und Helmut? Klar, wenn einer bei einem Hersteller von Heizkesseln arbeitet, der andere eine Heizungsbaufirma leitet, muss es etwas mit der Vermarktung von antiken Schnupftabakdosen sein. Nein, auch wenn das die Geschichte vielleicht noch spannender machen würde, soweit ging dann die Risikobereitschaft unserer beiden Firmengründer doch nicht. »Wir haben halt alle Möglichkeiten überlegt, die wir nebenzu so zusammen machen könnten«, erzählt Helmut. »Wir kamen immer auf das Klassische – irgendwas handeln. Irgendwas, was mit dem Business zu tun hat, in dem wir sowieso arbeiten.« Also: Der Beschluss, einen gemeinsamen beruflichen Weg zu gehen, stand.

Vermutlich ist »beruflicher Weg« der falsche Begriff. Wenn man von etwas überzeugt ist und einfach Lust auf ein Abenteuer hat, spricht man nicht von Beruf. Dann ist es eine Mission oder eine Vision, nicht selten ein kindlicher Traum, der in die Welt der Erwachsenen passt. Wer von uns kennt diese Träume nicht, die man kurz vorm Einschlafen hat. Träume von etwas, das einem ein gutes Gefühl verleiht. So ein Gefühl, dass man gut damit einschlafen kann, in der Hoffnung, diese Träume dann tatsächlich zu träumen. Helmut und Andreas wollten aber nicht nur träumen, sondern den Traum leben. Und so ausgefallen war der ja gar nicht. Sie wollten weder mit einem Heißluftballon die Erde umrunden, noch den amerikanischen Präsidenten stürzen. Dazu gab es um das Jahr 2000 auch kaum einen Grund. Donald Trump wurde schließlich erst Jahre später gewählt.

Nach dem festen Entschluss, einen gemeinsamen Weg zu gehen, kam dann auch plötzlich die passende Idee dazu. Mobile Wärme sollte die beiden die nächsten Jahre beschäftigen. Helmut, der auch einen Nachnamen hat, nämlich Schäffer, leitete, wie erwähnt, einen Betrieb, den er von seinem ehemaligen Chef übernommen hatte und zur Haustechnik Schäffer gemacht hat. Für eine Projektbaustelle war eine Notheizung nötig. Also eine mobile Heizung. Kurz erklärt, gibt es sowas in verschiedenen Leistungsklassen und kommt immer dann zum Einsatz, wenn irgendwo die Heizung ausfällt. Bei einem

Einfamilienhaus reicht ein kleines Elektroheizmobil, das dann an die hauseigenen Heizungsrohre angeschlossen wird. Den Stecker in die Dose und es wird wieder mollig warm. Für Heizungsausfälle größerer Natur gibt es Öl- und Gasheizungen, die in Autoanhängern verbaut werden oder in Stahlcontainern. Eigentlich eine simple, aber ziemlich coole Geschichte. Man stelle sich vor, in einem Krankenhaus oder einem Altenheim fällt bei minus 15 Grad die Heizung aus und der zuständige Heizungsmonteur verbringt gerade seinen 14-tägigen Urlaub mit seiner neuen Flamme auf den Malediven. Oder, und das ist vielleicht eine etwas realistischere Erklärung, ein Ersatzteil kann erst nach dem Wochenende geliefert werden. Das hieße für die armen Bewohner, über den Schlafanzug noch 15 Jacken zu ziehen. Da ist so eine Heizung im Anhänger eine feine Sache. Die kommt innerhalb weniger Stunden, wird von einem Monteur angestöpselt, Krankenhaus und Duschwasser werden wieder warm.

Andreas hatte von diesen mobilen Heizungen auch schon gehört. In seinem Job bei Buderus kam hin und wieder eine Anfrage von einem Handwerker nach diesen kleinen Elektroheizmobilen. Um das zu verstehen, muss man vielleicht kurz diese Branche erklären. SHK nennt sich die große Familie der Heizungsbauer, Installateure und Lüftungsbauer. SHK steht für Sanitär – Heizung – Klima. Und immer dann, wenn so ein SHK-Handwerker Material braucht, kauft er das nicht im Baumarkt und bestellt es bei Ebay, sondern er bezieht es über einen Großhandel. Das ist sozusagen der Händler seines Vertrauens, bei dem er seine Materialien zum Einkaufspreis bekommt. Da Buderus so ein Großhändler ist, landeten die Anfragen nach diesen Mobilheizdingern eben auf Andis Schreibtisch. Das Raffinierte an diesen Dingern ist nämlich Folgendes:

Üblicherweise lief das Geschäft eines Heizungshandwerkers so ab, dass er versucht hat, die Heizungen seiner Kunden über den Winter zu retten. Das heißt, ein kaputter Heizungskessel wurde so lange geflickt, bis es endlich Sommer war, wo die Heizung sowieso nicht lief. Erst dann wurde die kaputte Heizung repariert oder ausgetauscht. Logischerweise hat so ein Handwerker nicht nur einen Kunden. Heißt also für den armen Mann in der blauen Latzhose: Im Winter nichts zu tun; den Sommer, während andere die Bäuche Richtung Sonne strecken, in Deutschlands Heizungskellern zu verbringen. Und jetzt kommen unsere kleinen Heizungsüberbrücker ins Spiel. Mit so einem Gerät kann der Handwerker sein komplettes Jahr entzerren. Also auch im Winter Heizungen ausbauen, ohne dass derjenige, der im Haus wohnt, auf Wärme verzichten muss. Das ist genau unser Produkt, dachten sich Helmut und Andreas damals. Andreas hat übrigens auch einen Nachnamen: Lutzenberger. Er ist 42 Jahre alt. Bis hier mag das nach einer vernünftigen und durchdachten

Geschichte klingen. Doch dann wird es ein wenig schräg. Helmut und Andi wussten also, dass es solche mobilen Heizzentralen gab. Wer wirklich die Pioniere in diesem Geschäft waren, lässt sich heute nicht mehr so ganz genau nachvollziehen. Ein paar Anbieter dieser mobilen Heizungen gab es aber auf alle Fälle schon. Ein Unternehmen namens Hotmobil, das Mitte der 90er Jahre von Marcel Ginter, Fabio Doriguzzi und Gerd Spiess gegründet wurde. Klar gab es noch den ein oder anderen Heizungsbauer, der sich selbst eine mobile Heizung zusammenzimmerte, das wussten Andi und Helmut. Um die restliche Marktlage von mobilen Heizzentralen haben sie sich jedoch nicht im Geringsten gekümmert. Sie haben sich kein Stück darüber informiert, wie viele Anbieter es gibt. »Wie der Markt dafür war, haben wir nicht gewusst«, sagt Andreas. »Da haben wir uns gar nicht damit beschäftigt, es hat uns nicht interessiert«, so Helmut. So blauäugig das klingen mag, vermutlich liegt der Schlüssel des Erfolges genau darin. Helmut sagt: »Man handelt viel aus dem Instinkt heraus. Man darf nicht immer alles rational betrachten. Wenn wir alles, was wir zusammen gemacht haben, rational betrachtet hätten, hätten wir erst gar nicht damit angefangen.« Und ich glaube, mit dieser Aussage hat er den Nagel auf den Kopf getroffen. Wie oft wägt man Entscheidungen ab, überlegt hin und her, um dann am Ende zu sagen: Ich glaube, ich lasse es lieber. Das ist das Problem von vielen, die sich im Kreis drehen und irgendwie nicht aus ihrer doch überschaubaren Welt hinauskommen.

Das Leben ist wie ein Flipper

Augsburg, Freitag, 15 Uhr

Da ist sie wieder, die freundliche Bedienung, die scheinbar nur mir fremd ist. Sie räumt ab. Fünf kleine Schälchen mit leicht erkennbaren Vanilleeisresten. Eines davon war von mir. Helmut bezahlt mit Kreditkarte. Allerdings kommt es zu kleinen Komplikationen, weil die Karte nicht funktioniert. Irgendwie hat er eine andere Karte verloren und dann die falsche sperren lassen. Mir persönlich wäre das wahrscheinlich irgendwie peinlich gewesen. Doch wie so oft wird auch die Situation mit Humor gelöst. Einfaches Rezept: witziger Spruch von Helmut, alle lachen, bezahlt wird mit einer anderen Karte – fertig. Mir fällt sowieso auf, dass im Unternehmen sehr viele Probleme mit Humor gelöst werden. In dem Moment muss ich mich an den Lieblingsspruch meines früheren Radio-Kollegen Robert Schwend erinnern: »Lache, wenn's zum Weinen nicht reicht.«

Wir verabschieden uns von der netten Kellnerin. Sie sagt: »Also, bis morgen«. Hä, wieso bis morgen?, denke ich mir. Wie ich später erfahre, ist das ein Running Gag ihrerseits, sie verabschiedet sich wohl immer mit diesem Satz. Als wir das Lokal verlassen, schaue ich es mir noch einmal von außen an. Es sieht so gar nicht danach aus, als wäre dort alles Große entstanden. Graue Fassade, zwei große Schaufenster und ein paar abgenutzte Bistrotische davor. Eigentlich, so dachte ich, fahren wir jetzt wieder zurück ins Büro. Falsch gedacht. Wer eine Doppelportion Vanilleeis zum Nachtisch verdrückt, braucht einen Verdauungsspaziergang. Und ich gehe brav mit. »Komm, wir zeigen dir ein bisschen Augsburg«, sagt Andreas zu mir. Mich interessiert Augsburg aber nicht, denke ich mir. Und sage: »Oh, schön.« Andi beginnt in bester Stadtführer-Manier, mir dieses Augsburg zu erklären. »Das da unten ist die Bäckergasse – weißt, hier sind viele Straßen nach alten Traditionshandwerken benannt, das ist die Handwerkersiedlung aus früheren Tagen.« Aha, denke ich, »oh, schön« sage ich. Augsburg war für mich bisher eine Stadt, über die ich wenig nachgedacht habe, weil sie mir gelinde gesagt wurst war. Ich bin in Dachau geboren. Die Stadt mit der miesen Vergangenheit, dem schlechten Ruf und der toten Altstadt. Wenn es mich in eine Großstadt gezogen hat, dann nach München. Marienplatz, Stachus, Schwabing und Viktualienmarkt – damit kann ich was anfangen. Die angebliche Schwabenmetropole hab ich zwar zwei, drei Mal zum Einkaufen besucht, sympathischer wurde sie mir dadurch aber nicht. Wir gehen nach links in eine kleine Gasse. Und bereits da muss ich ein wenig schmunzeln. »Sprühen verboten«, hat da jemand an die Wand gesprüht. Vielleicht sollte ich der Stadt eine Chance geben.

Die Gasse, in der wir uns befinden, ist gerade mal so breit, dass wir gemütlich zu dritt nebeneinander gehen können. Ganz am Ende kann ich eine Kirchturmuhr erkennen. Sie zeigt zehn nach drei. Als wir näherkommen, sehe ich, dass es sich eigentlich um zwei Kirchen handelt, die aneinandergebaut sind. Sankt Afra und Sankt Ulrich. Andreas setzt seinen Stadtführerjob fort. Doch was er mir jetzt erzählt, finde ich tatsächlich interessant. »Das ist meines Wissens nach die einzige Kirche, bei der Evangelische und Katholische zusammen sind«, sagt er. Tatsächlich lese ich auf dem Schild, das vor einem der Gotteshäuser steht, dass es sich hier um die evangelische Sankt-Ulrichskirche und die katholische Basilika Sankt Ulrich und Afra handelt.

Vor uns breitet sich die große Maximilianstraße aus. Von hier aus sieht die Stadt gar nicht mehr so kleinkariert aus. Wir gehen weiter. Andreas sieht mit seinem Tagebuch unterm Arm sogar ein bisschen so aus, als wäre er tatsächlich ein Stadtführer. Als ich das Büchlein sehe, muss ich an unser

SPRÜHEN
VERBOTEN

Gespräch beim Italiener denken. Wie die Idee zu mobiheat entstanden ist, weiß ich jetzt, doch wie ging's weiter? Ideen hatte ich auch schon so einige. Aber bisher blieb es eben bei den Ideen. Ich wäre wohl schon bei der Wahl eines guten Firmennamens gescheitert. Der Name »mobiheat« entstand in Andis Büro bei Buderus. Zu Besuch war, wie des Öfteren, Helmut Schäffer. Seit der Keller-Vision war den beiden klar, dass sie mobile Heizzentralen bauen, verkaufen und vermieten wollen. Eigentlich ist es falsch, wenn ich von den beiden schreibe. Denn zu Beginn war noch ein dritter Mann im Boot: Oliver Frosch. Er war Niederlassungsleiter von Buderus Augsburg und somit Andis Kollege. Was sollte mit dem Firmennamen ausgesagt werden? Dass diese mobilen Heizungen schnell vor Ort sind, sobald sie gebraucht werden. Der Firmenname sollte für eine fixe, schnelle Lösung stehen. »FSL« war geboren. Passenderweise war das gleichzeitig auch die Abkürzung für Frosch, Schäffer, Lutzenberger. Je mehr die euphorischen Bald-Gründer über den Namen nachdachten, desto blöder kam er ihnen vor. Vielleicht doch etwas, was mit mobiler Wärme zu tun hat und gleichzeitig international klingt. Die Lösung war sehr simpel: mobil und Hitze ins Englische übersetzen und ein Wort daraus machen: mobiheat. Klingt groß – passt. Vor allem Helmut war begeistert. Er, der sich gerne als »der Problemlöser« sieht, hatte im Nu den passenden Werbeslogan parat: All you need is mobiheat!

Dazu muss man vielleicht erwähnen, dass Helmut keine offiziellen Vorbilder hat, sein inoffizielles aber ist der amerikanische Feuerwehrmann Paul Neal Adair, genannt Red Adair. Der 2004 verstorbene Texaner, der wegen seines roten Haares »Red« gerufen wurde, war ebenfalls ein Problemlöser. Ein Großproblemlöser sogar. Er wurde gerufen, wenn keiner mehr weiter wusste – immer dann, wenn es galt, Brände zu löschen, die sonst keiner löschen konnte. Zu seinen spektakulärsten Missionen zählte sein Einsatz während des Golfkrieges 1991, als er im Alter von Mitte 70 in Kuwait 117 von der irakischen Armee in Brand gesteckte Ölquellen löschte. Er tat dies mit gezielten Sprengstoffexplosionen, bei denen so viel Sauerstoff verbraucht wurde, dass die Feuer dadurch erloschen. So sollte mobiheat funktionieren. Nach dem Prinzip: Bei Ihnen ist die Heizung ausgefallen, Sie frieren – kein Problem, wir sind gleich da.

Nachdem der Name stand, konnte es losgehen. 2004 wurde der erste Anhänger bestellt. Er war feuerrot und sollte wohl ein bisschen aussehen wie das Feuerwehrauto von Red. Bald folgte ein zweiter Hänger, ebenfalls in der Signalfarbe Rot. Während sich Helmut um die Installation in den Hängern kümmerte, wickelte Andi die bürokratische Seite ab. 2004 wurde die mobiheat GmbH gegründet. Zu diesem Zeitpunkt konnte man keinesfalls von einem kometenhaften Start sprechen. Der kam erst drei

Jahre später, fast ungewollt. Bis dahin arbeitete jeder brav in seinem Job, mobiheat lief nebenher. Zu den zwei Anhängern kamen noch zwei kleine Elektroheizmobile dazu. »Die haben wir von einem Mitbewerber gekauft, frech die Beschriftung entfernt und unsere angebracht«, so Helmut. Für diese insgesamt vier Produkte haben F, S & L nebenbei ein bisschen Werbung betrieben, Andi hat bei der Telekom eine Free-Call-Nummer besorgt, die auf sein Handy umgeleitet wurde. Das war's. Die offizielle mobiheat-Adresse war Schwabenstraße 16a. Kein großes Firmengebäude, sondern die Kissinger Doppelhaushälfte, in der Helmut damals mit seiner Frau und der gemeinsamen Tochter wohnte.

Doch das Nebenbeigeschäft, so schien es, hatte Potential. Im Juli 2006 hielt Helmut mit seinem Haustechnikbetrieb ein Sommerfest ab. Lieferanten und Kunden waren eingeladen. Unter ihnen auch der offizielle Buderus-Vertreter Lutzenberger. 5 von 6 Stunden des Festes steckten Andreas und Helmut die Köpfe zusammen und diskutierten, wie sie ihre Heizzentralen-Vermietung vermarkten könnten. Das Thema solcher mobilen Heizungen war zu diesem Zeitpunkt immer noch ziemlich unbekannt. Für die anderen Gäste warf dieses Getuschel eher die Frage auf: Was mauschelt denn der Schäffer da mit dem Buderus-Mann Lutzenberger? Das Internet steckte zu dieser Zeit zwar nicht mehr in den Kinderschuhen, aber in allen Handwerkerstiefeln war es weiß Gott noch nicht angekommen. Helmut hatte für seinen Haustechnikbetrieb keine eigene Internetseite, hatte aber die Idee, dass so eine Seite für mobiheat perfekt wäre, um ein Nischenprodukt bekannt zu machen. »In solchen Gesprächen hat Helmut immer tausend neue Ideen, eine davon ist meistens sogar brauchbar«, witzelt Andi.

Als Andi von besagtem Sommerfest heimfuhr, ließ ihn der Gedanke an eine eigene Webseite für mobiheat nicht los. Während er also fuhr und über die Möglichkeiten nachdachte, fiel ihm Stefan Gigl ein. Ein Kissinger Kumpel, den Andreas schon aus dem Kindergarten kannte. Heute arbeitet Stefan Gigl übrigens bei mobiheat. Aber das ist eine andere Geschichte (Mach was mit Freunden/Seite 61). Stefan Gigl wusste, wie man eigene Seiten ins Netz stellt. Er ist ein großer Eisenbahnfan, fotografiert mit Vorliebe 103er-Loks, die er dann anderen Eisenbahnfreunden im Netz zeigen möchte. So kam es, dass Andreas um 23 Uhr den Klingelknopf an Gigls Haustüre drückte und die beiden in den folgenden Stunden an der ersten mobiheat-Internetseite arbeiteten. Sie waren stolz auf ihr Werk, doch es war ihnen auch klar, dass so eine Seite verschwindend wenig Sinn macht, wenn niemand sie ansieht. Wie also bekannt machen? Nachdem Andreas heimgefahren war und in den frühen Morgenstunden in sein Bett stieg, kam von Stefan Gigl eine E-Mail mit dem Inhalt: »Schau dir mal Google AdWords an«. Während die Sonne schon langsam anfing, ihren Job zu machen, informierte sich Andi im Internet, was es mit diesem ominösen AdWords auf sich hat. Und schnell merkte er: Das könnte die Lösung sein, um die mobiheat-Produkte unters Volk zu bringen. Google AdWords sind im Prinzip Werbeanzeigen, die der Internetnutzer sieht, wenn er bei der Suchmaschine verschiedene Keywords – also Schlüsselwörter – eingibt. Wer also nach Frühstück sucht, findet vermutlich einen Marmeladenhersteller, wer nach einer Notheizung sucht, der findet mobiheat. Wenn der Suchende dann die Anzeige klickt und auf die hinterlegte Webseite kommt, bezahlt der Eigentümer einen bestimmten Betrag an Google. Quasi als Obolus für das Hinlotsen zur Seite. Andreas und Helmut erkannten sofort, dass das eine spannende Geschichte ist. Allerdings war das Einrichten dieser AdWords-Anzeigen etwas, was nicht in die Kompetenz der beiden fiel. Es gab Agenturen, die sowas konnten, doch die waren teuer.

Also rief Andreas direkt beim Internetriesen Google an. »Ich hatte gar keine Zeit, mich damit zu beschäftigen. Also musste ich versuchen, dass das andere für mich machen«, sagt Andreas. Er hat die freundliche Dame am Telefon gefragt, ob das Einrichten dieser Anzeigen nicht jemand von Google selbst übernehmen könne. Doch, entgegnete ihm die Dame weiterhin freundlich. Aber so einfach war das nicht. Damit Google für Andreas die Arbeit übernimmt, musste er sich auf einen Deal einlassen.

Die Anzeigen hatten eine Tagesbudget-Grenze von 150 Euro und die Kampagne musste mindestens drei Monate laufen. Das hätte geheißen, im schlechtesten Falle wäre das junge Unternehmen 15.000 Euro los gewesen. Wohlgemerkt 15.000 Euro, die es nicht hatte zu dem Zeitpunkt. Was also tun? Ein paar Tage diskutierten (länger diskutiert ein Kissinger nie) Helmut und Andreas, was sie machen sollten und ob sich das Ganze lohnen würde. Mit dem Ergebnis: Das müssen wir jetzt »einfach machen«.

Also bat Andreas die freundliche Google-Frau, die Anzeigen einzurichten, was sie schließlich auch tat. Dann hieß es abwarten. Je mehr Leute diese Anzeigen im Internet anklickten, desto mehr wurde die Seite von mobiheat gesehen, desto teurer wurde die Geschichte jedoch. Das Glück von Schäffer und Lutzenberger war der heiße Hochsommer, auch wenn das paradox klingen mag für ein Unternehmen, das in der Heizungsbranche unterwegs ist. Aufgrund der sehr hohen Temperaturen hat nur eine überschaubare Anzahl an Menschen auf die Anzeigen geklickt. Somit wurde das von Goog-le festgesetzte Höchstbudget bei Weitem nicht ausgeschöpft. »Wir waren so bei 200 Euro monatlich, die wir bezahlen mussten«, erinnert sich Helmut. Nach den vereinbarten drei Monaten senkte Andreas sofort das Tageshöchstbudget, was jetzt ja möglich war. Somit hatte er die Google-Anzeigen ohne Agentur eingerichtet, die jetzt zu einem überschaubaren Budget liefen. Wieder einmal hatte sich das »einfach machen« als der richtige Weg erwiesen.

Die Anzeigen taten ihre Arbeit und machten die mobilen Heizungen von mobiheat etwas bekannter, als das mit Handzetteln möglich gewesen wäre. Die mobiheat-Geräte waren im Umlauf, ein monatlicher Umsatz von rund 2000 Euro wurde generiert. Andreas kümmerte sich um das Buchhalterische und Kaufmännische, Helmut stellte die Anlagen auf. Eine nette Geschichte, die Spaß machte. Rückblickend bezeichnen sie das als »Arbeiten nach dem Minimalprinzip«: Mit möglichst wenig Aufwand einen kleinen Nebenverdienst einfahren. Keiner dachte daran, seinen eigentlichen Job aufzugeben. Andreas und Oliver hatten gute Positionen bei Buderus, Helmut seinen Haustechnikbetrieb mit etwa 20 Mitarbeitern. Andreas sagt: »Wir hatten geile Gespräche, was wir aus mobiheat alles machen könnten, gemacht haben wir es aber trotzdem nicht.« Lieber nebenbei ein bisschen Geld verdienen, aber keinesfalls den sicheren Job kündigen. Und eigentlich wäre die Geschichte hier aus, hätte nicht das Schicksal den Stift in die Hand genommen, um das Drehbuch umzuschreiben.

Denn plötzlich wurden die Herren durch äußere Umstände aus ihrer Komfortzone gelockt. Aus heutiger Sicht hätte nichts Besseres passieren können. Helmuts Haustechnikbetrieb mit rund 20 Mitarbeitern geriet durch größere Zahlungsausfälle in finanzielle Schieflage. Irgendwas musste passieren, irgendwas musste er ändern. Gleichzeitig wurde Andreas' Nebentätigkeit bei Buderus zum Problem. Innerhalb des Unternehmens war zwar bekannt, dass es mobiheat gab, aber die Freudenschreie darüber, dass engagierte Mitarbeiter nebenbei eine eigene Firma betrieben, hielten sich in Grenzen. Noch dazu war das die Zeit, in der Buderus von einem noch größeren Konzern übernommen wurde – nämlich von Bosch. In einem Konzern wie Bosch gibt es sowas wie ungeschriebene Regeln. Wenn du das Spiel tadellos mitspielst, kommst du eine Runde weiter und hin und wieder kann eine Beförderung rausschauen. Spielst du nicht mit, musst du eine, in der Schule hätte man wohl Ehrenrunde gesagt, drehen. In Andreas Fall hätte das geheißen: gleiche Funktion, andere Stadt. Nach der Ehrenrunde hätte wohl eine neue Herausforderung im Konzern auf ihn gewartet. Doch soweit kam es nicht.

»Ich konnte mit mobiheat nicht einfach aufhören. Das Bauchgefühl, dass diese Geschichte groß werden kann, war einfach zu stark«, sagt Andreas. Und er sollte Recht behalten. Doch das konnte zu diesem Zeitpunkt noch niemand ahnen. Oliver Frosch stieg aus der mobiheat GmbH aus und hat sich für den Konzern entschieden. »Das Einfachste wäre auch für mich gewesen, zu Helmut zu sagen, komm, nimm du die paar Anlagen für deinen Haustechnikbetrieb, ich bleib in meinem Job und wir lassen es.« Doch das konnte er nicht.

Mit dem Satz »Aufgrund meiner persönlichen Weiterentwicklung habe ich mich zur Kündigung entschieden«, schmiss er zum 30. Juni 2007 seinen Job bei Buderus. Das war keine leichte Entscheidung für ihn, aber die einzig mögliche. Nicht unbedingt leichter machte das Ganze die Tatsache, dass Andreas damals gerade mit seiner Frau Margot ein Haus gebaut hatte und sie zusammen ihr erstes Kind erwarteten. Im Klartext hieß das, ein sechsstelliger Schuldenbetrag und eine große bevorstehende Verantwortung. Irgendwie nicht die besten Vorzeichen, um einen sicheren Job gegen ein Bauchgefühl zu tauschen. Helmut hatte ebenfalls seinen Hausbau gerade hinter sich und zusätzlich die finanziellen Schwierigkeiten mit seiner Firma. Beide standen sozusagen mit dem Rücken zur Wand, als Andreas Helmut fragte: »Meinst, von mobiheat kann man leben?« Helmut hat gesagt, er glaube schon. Gewusst hat er es natürlich auch nicht. Doch wenn man so einen Schritt geht, braucht man so eine Aussage von einem anderen. Ob's stimmt oder nicht, aber es ist gut, wenn man sowas hört. »Ich glaube, Helmut hat das gesagt, weil er auch jemanden an seiner Seite brauchte. Er hat bis dahin alles mit sich allein ausgemacht. Von seinen finanziellen Schwierigkeiten wusste niemand. Weder seine Frau, noch seine Mitarbeiter.«

Helmuts Versuche, seinen Haustechnikbetrieb

wieder auf gesunde Beine zu stellen, sahen hauptsächlich so aus, dass er selbst Tag und Nacht auf den Baustellen unterwegs war. Sogar Heilig Abend, während andere fröhlich ein »O Tannenbaum« durchs heimische Wohnzimmer schmetterten, lag er in fremden Heizungskellern. Dass das nicht die beste Grundlage für ein harmonisches Familienleben war, dürfte auch jedem klar sein. So bahnte sich zu den Schulden auch noch eine Scheidung an. Und so kam es, dass beide in die Situation gedrängt wurden, zu handeln. mobiheat war zu dem Zeitpunkt natürlich nicht die Lösung, aber ein möglicher Weg.

Und wenn Helmut einen Weg vor sich sieht, dann tut er auch alles dafür, um diesen Weg schnell zu gehen. Auf Andis Hochzeit im Juni 2007 platzte Helmut ins Festzelt und rief Andreas zu: »Du, ich hab deinen Schreibtisch schon.« Er hatte einen zweiten Schreibtisch in sein eigenes Büro gestellt, der für Andreas reserviert war. Andi war froh, zumindest irgendwo einen Platz zu haben, an den er am Montagmorgen nach seiner Hochzeit fahren konnte. Homeoffice war nie eine Option für ihn. »Ich will andere Menschen treffen, mich austauschen und Blödsinn machen«, sagt er. Und so fingen beide an, diese Idee aus dem Keller so richtig zu verfolgen.

Danke Gigl!

Der Mann, der für die erste Sichtbarkeit von mobiheat im Internet sorgte. Zwei Jahre später auf einer Geburtstagsfeier unterhielten er und Andreas sich über mobiheat und ob er sich vorstellen könne, bei mobiheat zu jobben. Seit dem darauffolgenden Montag ist Stefan, genannt Gigl, bei mobiheat als Service-Mann in ganz Deutschland, Österreich und der Schweiz unterwegs.

Grenzenlos bis zur Selbstanzeige

Augsburg, Freitag, 15:12 Uhr

Während wir unseren Blick über die Maximilianstraße schweifen lassen, sehen wir doch tatsächlich eine mobiheat-Heizung am Straßenrand stehen. Welch ein Zufall. Helmut erblickt den Hänger, bei dem es ein wenig aus dem Kamin raucht, als erster. Sofort begutachtet er die Anlage, man sieht: Er kann gar nicht anders. Er öffnet die Türen des Anhängers, greift an die dicken Gummischläuche und kontrolliert scheinbar alle Einstellungen der fahrbaren Heizung. „Alles ok, passt", so das kurze Fazit seiner spontanen Inspektion. „Ein guter Auftrag?", frage ich Andreas. „Jeder Auftrag ist gut und wichtig. Jobs unterscheiden sich eher vom Grad der Besonderheit", bekomme ich zur Antwort. Weil ich interessiert wirken möchte, frage ich nach, ob es denn einen besonders wichtigen Auftrag gab. „Klar!", schreit Helmut fast schon und lacht lauthals.

„Das war der Auftrag, bei dem du dich danach selbst anzeigen musstest“, sagt er zu Andi. „Stimmt, das war eine Woche, so etwas brauche ich auch kein zweites Mal mehr“, so Andreas. Habe ich noch vor wenigen Sekunden nur so getan, als wäre ich interessiert, machen mich diese Anspielungen jetzt tatsächlich etwas neugierig und ich will wissen, was für eine Geschichte hinter diesem Auftrag steckt, der da wohl so entscheidend war. Andreas fängt an zu erzählen: „Es muss 2008 gewesen sein. Ein Kunde, es war ein Heizungsbauer aus München, brauchte unbedingt 12 kleine mobile Heizungen auf Sackkarren für eine Baustelle.“ Helmut fällt Andreas ins Wort: „Mit den kleinen Dingern hatten wir uns zu diesem Zeitpunkt noch gar nicht so recht beschäftigt. Wir hatten nur diese paar Geräte, die wir uns vom Wettbewerber besorgt und mit unseren Namen beschriftet haben. Wir mussten also schnell eigene Anlagen bauen oder irgendwo welche auftreiben.“ Das Hupen eines Autos unterbricht Helmut. Er geht nochmal zum Heizungsanhänger am Straßenrand und verstellt einen Regler. „Das ist normal bei Helmut, da brauchst du dir nichts denken“, sagt Andreas zu mir. „Helmut spielt immer an Heizungsanlagen herum, bis aus seiner Sicht alles perfekt ist.“ Und dann übernimmt Andi wieder das Erzählen der Geschichte. Die beiden hatten damals zu wenig Geräte. Und die, die sie hatten, waren ihnen nicht gut genug. Doch die Zeit drängte. Es war Dienstag und bereits am darauffolgenden Montag wollte der Kunde diese kleinen Elektro-Anlagen haben.

Helmut entdeckte nach einer kurzen Recherche im Internet ein paar Firmen, die Elektroheizkessel produzieren. Dieser Kessel ist die Hauptkomponente für so ein kleines Elektroheizmobil. Andreas telefonierte zeitgleich mit seinem überschaubaren Englisch alle möglichen Lieferanten aus Ungarn, Polen, Belgien, Spanien und Kroatien ab. Die Aufgabe war, 12 Elektroheizkessel bis zum Ende der Woche zu besorgen. Die Bauteile sollten dann am Wochenende zusammengebaut werden, so dass diese Geräte am Montag ausgeliefert werden konnten. Bei Andis Telefonaten gab sich eine Frau besonders Mühe, sein kreatives Englisch zu verstehen. Das war mit ein Grund, weshalb sich Helmut und Andreas für diese Firma entschieden. Die Frau am Telefon hieß Nina und kam aus Zagreb. Nina ließ den beiden alle wichtigen Informationen per E-Mail zukommen. Soweit passte alles, aber um sicher zu gehen, dass die 12 Heizkessel auch pünktlich fertig sind, entschieden sich Helmut und Andreas, die bestellte Ware bei dieser Nina in Kroatien persönlich abzuholen. Sicher ist sicher, dachten sie sich. Am Donnerstagmorgen starteten Andi und Helmut mit einem Transporter ihren Trip nach Zagreb. An der Grenze Slowenien/Kroatien bemerkte Helmut bei der Passkontrolle, dass er seinen Ausweis vergessen hatte. Die meisten Menschen würden in der Situation umdrehen, ihren Pass von Zuhause holen und von Neuem starten. Nicht so Helmut. Zusammen mit seinem Kompagnon redete er solange auf den Grenzbeamten ein, bis der schließlich einlenkte und die beiden für 5 Stunden in das Land ließ. Vor lauter Freude über die gelungene Einreise fuhren sie einfach an Zagreb vorbei. Sie verpassten ihr Ziel nicht nur um ein paar Kilometer, sondern fuhren über 100 Kilometer zu weit. Ein Tankstellenmitarbeiter war es dann, der die zwei kurz vor der Adriaküste wieder Richtung Norden schickte. Nachdem sie wieder den richtigen Kurs aufgenommen hatten, kamen sie mit ein wenig Verspätung bei Nina und deren Firma an. Die Ware stand schon bereit und Helmut und Andreas lernten diese Nina, ihren Bruder Igor und Vater Zeljko persönlich kennen. Der Eindruck der Firma überzeugte und die Familie war sehr nett. Nach einem gemeinsamen Kaffee fuhr Nina noch mit Andi und Helmut zum Zagreber Zollbüro. Sie überreichte ihnen die Zollpapiere, wünschte den beiden eine angenehme Heimfahrt und sagte ihnen, dass sie den Grenzübergang Richtung Maribor nehmen müssen. Gedankenlos fuhren die beiden aber wieder genau so zurück, wie sie gekommen sind. Also führte ihr Weg nicht über Maribor sondern über Ljubljana. An der Grenze selbst stand schon eine lange Schlange von wartenden Lkw, die nach und nach kontrolliert wurden. Ohne sich dabei viele Gedanken zu machen, fuhren Andi und Helmut an den Lastern vorbei, auf die Spur, auf der Urlauber das Land verließen. Ein Grenzbeamter hielt die beiden auf, Andreas saß zu diesem Zeitpunkt am Steuer. Er erklärte dem Grenzbeamten, warum Helmut keinen Pass dabei hatte und dass das bei der Einreise schon geklärt wurde.

Nebenbei zeigte Andreas dem Grenzbeamten noch die Zollpapiere, welche ihn aber kaum interessierten. Der Grenzbeamte deutete mit einem kurzen Winken an, dass sie das Land verlassen dürften. Beide freuten sich wie kleine Kinder, weil sie sich Stunden des Wartens an der Lkw-Zollstrecke gespart hatten. Um 3 Uhr nachts waren sie wieder zu Hause. Am nächsten Morgen wurden sofort die neuen mobiheat-Elektroheizmobile zusammengebaut. Helmut flog am nächsten Tag in den Urlaub. Der Kunde bekam am Montag seine Geräte und mobiheat hatte jetzt eigene kleine Mobil-Heizungen. Klingt, als wäre die Sache ohne größere Probleme abgelaufen. Doch an diesem Montag erhielt Andreas noch eine weitere Mail von Nina. Sie fragte nach, ob die beiden noch in Kroatien wären, weil sich das Zollbüro bei ihr gemeldet hatte und ihr mitteilte, dass die Ware noch nicht ausgeführt wurde. So hatte Andreas nach der erfolgreichen Tour Stress ohne Ende, diese Angelegenheit wieder ins Reine zu bringen, während Helmut sich in Florida den Körper bräunte. Andi musste zigmal zum Augsburger Zollbüro, füllte im Nachhinein seitenweise Unterlagen aus und musste sich am Schluss für dieses Vergehen auch noch selbst anzeigen. Nur so kam er aus der Sache raus. Das Vergehen wurde daraufhin eingestellt und so war wieder alles in Butter.

Heute sind Helmut und Andreas mit Ninas gesamter Familie befreundet: mit ihrem Vater Zeljko, ihrem Ehemann Vjeran und ihrem Bruder Igor. Seit ein paar

Jahren sind sie sogar an der Firma beteiligt. Die Firma nennt sich übrigens Termostroj und hat ihren Sitz in Lučko/Zagreb.

Die sinnlose Rumänienreise

Augsburg, Freitag, 15:30 Uhr

Wir lassen die gemauerte Ökumene hinter uns und schlendern weiter die breite Maximilianstraße entlang. Am Straßenrand steht ein Musiker, der seiner Panflöte ein paar nette Töne entlockt. Klingt sehr gut. Durch die sommerlichen Temperaturen kommt bei mir fast so etwas wie Urlaubsfeeling auf. Ich bin mir auch gar nicht mehr sicher, ob die Schwabinger Leopoldstraße da gerade mithalten könnte.

Wir machen Halt an einem Brunnen, der mitten in der Straße steht. »Herkulesbrunnen« ist auf einem goldenen Schild zu lesen. Er ist neben dem Augustusbrunnen und Merkurbrunnen einer der drei Prachtbrunnen in Augsburg. Und dann lacht Andreas und fordert Helmut auf: »Komm, lass ihn raus, deinen Spruch!« »Das ist kein Spruch, das ist tatsächlich so«, bekommt er zur Antwort. »Überall wo Wasser fließt, ist auch Geld.« Vielleicht ist das einer der Gründe, warum es schon immer Helmuts Traum war, vor seiner Firma einen Brunnen zu haben. Bisher hat das noch nie geklappt, obwohl mobiheat schon mehrmals umgezogen ist. Gerade entsteht an der Autobahn bei Derching, zwischen München und Augsburg, der neue Hauptsitz des Unternehmens. Sollte bis zur Fertigstellung des Buches tatsächlich ein Brunnen auf dem Firmenareal vor sich hinplätschern, werde ich natürlich am Ende des Buches ein Bild nachreichen – versprochen!

Wir gehen weiter, und schon wieder gibt es Grund zum Lachen. Diesmal ist es kein goldenes Schild, sondern eines aus Kunststoff, das an einem Haus angebracht ist. Es ist das Firmenschild von Jörg Löhr. Der ehemalige deutsche Handballspieler zählt zu den bekanntesten Wirtschaftsberatern und Motivationstrainern, die das Land vorzuweisen hat. Was es da zu lachen gibt, frage ich. Die beiden erklären mir, dass sie während des Firmenaufbaus auch schon auf einen solchen Motivations-Guru gesetzt haben. Jürgen Höller, der sich wie Löhr auf die Fahnen geschrieben hat, der Menschheit zu Erfolgen zu verhelfen, gab ein 3-Tages-Seminar in der Schweiz. Das »Living-Seminar Teil 1«. Auf der Teilnehmerliste standen Lutzenberger und Schäffer. »Und, hat's was gebracht?«, frage ich. Es sei nicht schlecht gewesen, erzählen sie mir. »Wir sind über glühende Kohlen gelaufen und haben gesehen, wie Hypnose funktioniert«, sagt Andi. »Wir sind aber nach zwei Tagen wieder heim. Wir haben den Sinn da schon verstanden, das hat gereicht.« Beide lachen.

Dass viel gelacht wird bei mobiheat, ist mir von Anfang an aufgefallen. Doch wie mir beide dann erzählen, ist das gar nicht so einfach, die Moral hoch zu halten und Spaß zu vermitteln. Je größer ein Unternehmen wird, desto schwieriger sei es. Das leuchtet mir ein – mehr Mitarbeiter bedeutet auch mehr verschiedene Charaktere. »Wir versuchen natürlich, alle mitzunehmen und mit allen Spaß zu haben. Uns ist aber auch bewusst, dass wir das nicht immer schaffen«, sagt Andreas und wird etwas ernster, jetzt, wo es um das Thema Humor geht. Auch Helmut sagt, wenn die Firma klein ist, geht es leichter, dass man mit allen lacht. Beiden ist es aber von Anfang an wichtig gewesen, ihre Motivation – nämlich mit viel Spaß den Arbeitstag zu verbringen – allen Mitarbeitern zu vermitteln. »Das ist ein bisschen wie in einer Ehe, die kannst du laufen lassen und es bleibt eine Ehe, oder du arbeitest täglich daran, und es kann eine Beziehung werden, in der jeder das Gefühl hat, hier bin ich richtig und hier bin ich wichtig.«

Dass sie in ihrer Firma die klassische »Ich-Chef-Du-nix-Methode« möglichst gut umgehen wollten, ist das Resultat vieler gemeinsamer Stunden im Auto. »Wir hatten auf unseren Reisen im Auto sehr intensive Gespräche, was das Thema angeht«, erzählen mir beide. »Seid ihr viel gereist?«, frage ich. Und dann ist die Ernsthaftigkeit aus beiden Gesichtern schlagartig verschwunden. »Wir haben verrückte Ausflüge hinter uns, die man mit normalem Menschenverstand vielleicht gar nie gemacht hätte«, sagt Helmut und lacht laut. »Andi hat sie in seinem Buch festgehalten.«

Ich fordere Andreas auf, mich einen Blick in sein schwarzes Büchlein werfen zu lassen. Er zögert, weil er, wie er sagt, das nur für sich zur Erinnerung aufgeschrieben hat, falls er die Geschichten mal jemandem erzählen will und er nicht mehr alles ganz genau weiß. Ich muss ihn noch zweimal bitten, dann beginnt er in seinem Büchlein zu blättern. Er stoppt etwa in der Mitte des Buches und beginnt, leise für sich zu lesen. Er grinst, blickt kurz zu Helmut und gibt mir dann das aufgeschlagene Buch. Ich lese die Überschrift:

Notizbuch

Der Ausbruch des Eyjafjallajökull

Dezember 2010: In diesem Jahr waren wir so circa 4 bis 5 Mal in Rumänien unterwegs. Die ganze Sache roch nach einem großen Auftrag. Die brauchen unbedingt eure Heizcontainer, hieß es. Mindestens 50 Stück an der Zahl. Die großen natürlich, alle um die 2 Megawatt Leistung. So die Anfrage, die wir bekommen haben. Das versprach einen großen Umsatz. In der Regel sind wir natürlich von München mit dem Flugzeug nach Bukarest geflogen. Außer einmal! Durch den Ausbruch des kaum aussprechbaren Vulkans Eyjafjallajökull am 26. März in Island war einer unserer Rumänien-Trips in Gefahr. Wegen der ausgetretenen Vulkanasche wurde der Flugverkehr in weiten Teilen Nord- und Mitteleuropas eingestellt. Auch Bukarest, unser Ziel, war durch die Beeinträchtigung des Luftverkehrs in Europa betroffen. Was nun? Laut Google Maps war die einfache Strecke 1621 Kilometer, Fahrtzeit 19 Stunden und ein paar Minuten. Da hatten wir schon größere Trips durchgezogen, zum Beispiel bei unserem Auftrag in

Portugal, das waren insgesamt etwas mehr als 5000 Kilometer. Und diese Strecke sind wir sogar mit einer mobilen Heizzentrale, also einem Tandem-Kofferanhänger mit 2 Tonnen Gewicht im Schlepptau gefahren. Ein Blick zu Helmut. Es war klar, wir fahren! Wir hatten ja schließlich einen coolen Termin. Wir durften vor den rumänischen Kraftwerksdirektoren unsere mobilen Heizzentralen beziehungsweise deren Einsatzmöglichkeiten und unsere Firma mobiheat vorstellen. Unser Dolmetscher war kein geringerer als der Lobbyist Adrian Kaufmann. Er war zuständig für die wirtschaftlichen Unternehmensbeziehungen zwischen Deutschland und Rumänien. Ende 2009 hatte uns Kaufmann kontaktiert. In Rumänien bestünde Bedarf an unseren Anlagen. Wir nahmen Kaufmann und seine Frau Pupsi – so nannte er sie – mit Helmuts Batmobil – so nannten wir es – einem schwarzen Multivan von Volkswagen, stärkster Motor versteht sich, von München mit nach Bukarest. Bei der Hinfahrt samt Kaufmann und seiner Pupsi, bei der Rückfahrt waren wir dann alleine, die anderen blieben dort. Unsere Reise führte durch Österreich und Ungarn hinein nach Rumänien. Unseren ersten Stopp in Rumänien machten wir in der Stadt Timișoara, hier gab es endlich mal was

Vernünftiges zu essen. Tomate-Mozzarella, Spaghetti Scampi und Vanilleeis. Den Namen der Stadt konnte ich mir gut merken, weil Theresia, die Oma meiner Frau Margot, immer wieder mal von der Stadt erzählt hatte. Hier hatte sie ihre Kindheit und Jugend verbracht, bis sie und ihre Familie nach dem Zweiten Weltkrieg weggeschickt wurden. Weiter ging es nach Craiova, wo Adrian Kaufmann uns ein riesiges Stahlwerk zeigte. Wenn wir Bedarf hätten, könnten wir hier unsere Container fertigen lassen, Transport über die Donau nach Deutschland. Wow, dachten wir, im Ausland günstig einkaufen und über den Schiffsweg die Ware zu uns kommen lassen. Klingt groß, geile Sache. Danach ging unsere Reise über Alexandria (liegt im Gebiet Große Walachei) direkt nach Bukarest ins Grand Hotel Marriott. Adrian Kaufmann und dessen Frau hatten irgendwie immer Angst, dass wir überfallen werden. In gewissen Gebieten durften wir nicht einfach mal irgendwo anhalten. Aber einmal mussten wir stoppen: zwischen Alexandria und Bukarest. Also kurz vor unserem Ziel. Die beiden waren extrem nervös, dass sogar wir uns von der Angst anstecken ließen. Wir fuhren bei dunkelster Nacht auf einer holprigen Landstraße, was unsere Angst nicht unbedingt

oben
Andi und Helmut mit den beiden Hotmobil-Gründern Fabio Doriguzzi und Marcel Ginter.

rechts
Andreas vor Ort in Island 2016.

unten
Richtungsweisend für Helmut: sein früherer Lehrmeister Peter Pauly (r.).

oben
Ausbruch des Eyjafjallajökull 2010

links
Ein Zug der Baureihe 103 führt zur ersten Webseite.

weniger werden ließ. Leider war unser Tank komplett leer. Wir fuhren schon seit einiger Zeit auf Reserve (was bei Helmut völlig normal ist). Vor uns sahen wir dann endlich eine Tankstelle auf der rechten Seite. Laut Kaufmann waren wir in einem Gebiet der Roma unterwegs. »Da hält man nicht, ist gefährlich«, sagte Kaufmann mit rumänischem Akzent. Helmut und ich sahen uns an und sagten: Aber ohne Sprit halten wir sowieso, also rein in die Tankstelle. Wir stiegen aus und sperrten zur Sicherheit der beiden das Auto ab. Zapfhahn rein, Super-Benzin sprudelte in den Tank des schwarzen Batmobils. Der Tank war voll und wir gingen gemeinsam zum Bezahlen. Bis dahin alles gut. Hinter der Kasse stand eine ältere Dame. Rechts neben ihr ein ernst dreinblickender Zeitgenosse. Vielleicht ihr Sohn?! Die ältere Dame deutete auf die Anzeige der Kasse und sagte nur »Leu«. Noch einmal wiederholte sie ihr »Leu«. Das ist die rumänische Währung. Das checkten wir sofort. Keiner von uns hatte natürlich Leu dabei, sondern nur Euro. So vorbereitet waren wir nun mal nicht. Wir reichten ihr einfach mal zwei 50-Euro-Scheine und hofften, dass sie die Dinger nimmt. Nichts passierte, außer dass der ernste Zeitgenosse seinen Kopf schüttelte und zu seiner Vielleichtmutter schaute. »Ich glaube, die wollen keine Euro«, sagte ich zu Helmut. Wir versuchten, in Englisch, Deutsch und mit den Händen zu erklären, dass wir keine Leu dabeihaben und wir deshalb nur in Euro oder mit einer Karte bezahlen könnten. Aber wir hörten wieder nur »Leu« von der Dame. Also beratschlagten wir uns kurz, was zu tun ist. Aus dem Augenwinkel heraus versuchte ich gleichzeitig, die Stimmung unserer Beobachter an ihren Gesichtern abzulesen. Unser Plan war folgender: Wir legen jetzt einfach drei 50-Euro-Scheine auf die Theke neben der Kasse, sehen den beiden freundlich ins Gesicht und gehen dann langsam raus. Genau das taten wir dann auch. Wir legten das Geld hin und gingen Schritt für Schritt wieder Richtung Auto, stiegen ein und sperrten das Auto von innen sofort wieder ab. Wir starteten unser Batmobil und fuhren langsam los. Alles ging gut.

Die Anspannung senkte sich und wir erreichten kurze Zeit später unser Ziel. Es war bereits mitten in der Nacht. Wir fielen mehr oder weniger nur noch in die Betten. Was für eine Mördertour! Am nächsten Morgen ging es dann zu den Kraftwerksdirektoren. Insgesamt 40 an der Zahl. Wir durften allen unsere mobilen Heizzentralen und unser Geschäftsmodell vorstellen. Auf Deutsch natürlich, Lobbyist Kaufmann übersetzte. Da war es wieder, das Gefühl der Größe: Wir hatten einen eigenen Dolmetscher dabei. Ganz problemlos verlief die Heimreise jedoch auch nicht, obwohl wir da nur zu zweit unterwegs waren. Weil Helmut ein Roma-Dorf besichtigen wollte, fuhr ich rechts ran und wir machten Halt. Das hätten wir besser nicht getan. Die Bewohner zogen es vor, uns zu begrüßen, indem sie uns mit Steinen bewarfen. Als wir am Ende der Reise dann nach über 20 Stunden wieder daheim waren, habe ich mir mal ausgerechnet, was uns alle Rumänienreisen gekostet haben: mehrere Tausend Euro. Aufträge kamen keine dabei heraus. Aber wir waren ja zu diesem Zeitpunkt absolute Business-Neulinge und glaubten an die Mega-Aufträge aus ganz Rumänien. Irgendwann sahen wir dann aber ein, dass diese Mega-Aufträge leichter in unserer Heimat Deutschland zu holen sind. Das sind eben die Erfahrungen mit der Verlockung vom schnellen großen Geschäft. Wir hatten unsere Lektion in diesem Kapitel gelernt. Und trotzdem war uns irgendwie immer klar, dass die Reisen für uns wichtig waren. Gemeinsam verrückte Dinge tun. Wir sahen rumänische Firmen, die Container produzierten, die Regelungen herstellten und abends gingen wir schon mal mit einem Staatsekretär essen. Herr Kalutescu hieß er, glaube ich. Während eines Rumänien-Trips waren wir sogar im dortigen Wirtschaftsministerium zu Gast. Diese Erlebnisse waren schon sehr spannend und aufregend für uns. Irgendwie waren sie das Geld, das sie kosteten, wert.

Danke Waltraud!

Junge Menschen zu formen ist eine unserer wichtigsten Aufgaben. Waltraud Gerner ist seit Ende 2009 bei mobiheat und kümmert sich bestens um die kaufmännischen Azubis. Simone wurde von ihr damals schon bei Buderus ausgebildet. Sabrina war dann die erste Auszubildende bei mobiheat. Mit Eugenia und Isabel werden aktuell gerade wieder zwei junge Menschen von Waltraud ausgebildet.

Mach was mit Freunden

Augsburg, Freitag, 16 Uhr

Während wir uns langsam von den Stufen vor dem Brunnen erheben, rechne ich mir aus, was diese Reisen wohl gekostet haben. Und noch bevor ich die Frage stelle, höre ich schon die Antwort: »Auf rund 15.000 Euro sind uns diese Rumänienbesuche gekommen«, sagt Helmut. »Aber ich glaube, genau diese Trips, diese weiten Fahrten inklusive der Probleme, die so weite Reisen mit sich bringen, haben Helmut und mich extrem eng zusammengebracht«, ergänzt Andreas. Und es hat den beiden gezeigt, dass dieses gemeinsame verrückte Tun verdammt viel Spaß macht.

Eine Firma zu starten, ohne zu wissen, wohin die Reise geht, ist ja im Prinzip auch etwas Verrücktes. »Auf diesen Reisen ist uns am intensivsten klar geworden, dass wir nur gemeinsam etwas aufbauen wollen«, erzählt Andreas. Zusammen mache es halt einfach viel mehr Spaß als alleine. Und zusammen sei man viel mutiger und schlussendlich auch schneller als alleine. Etwa, wenn man größere Darlehen aufnimmt und entsprechend bei der Bank dafür privat bürgen muss, sei das Unterschreiben zu zweit leichter. »Durch die Gespräche während der langen Fahrten haben wir gegenseitig gespürt, dass wir mit einer Gruppe etwas Großes aufbauen wollen. Wolfgang Sonntag war zu diesem Zeitpunkt schon mit an Bord. Er kündigte ebenfalls bei Buderus und kam zu mobiheat. Das war mit Sicherheit ein zeitlicher Beschleuniger für uns. Nur eins sollte man in einer Gruppe beachten: den anderen zu jedem Zeitpunkt so zu lassen und zu akzeptieren wie er eben ist. Jeder darf Fehler machen. Fehler sind wichtig, um voran zu kommen. Deshalb sollte man Fehler des anderen wie seine eigenen Fehler akzeptieren. Und bei diesen 20-Stunden-Fahrten hatten wir viel Zeit, uns über Dinge des Lebens auszutauschen. Zeit, die man sich in der Regel nicht nimmt. So gesehen waren die 15.000 Euro ein Schnäppchen für das, was wir bekommen haben. Zwar keinen Auftrag, aber in Wirklichkeit haben wir viel mehr bekommen: ein menschliches Fundament.«

***

Für mich ist Arbeit bisher Arbeit gewesen und Freunde waren Freunde. Da gab es eine klare Trennung in meinem Kopf. Oft genug wurde einem dieses – zugegebenermaßen dämliche Sprichwort – »G'schäft ist G'schäft und Schnaps ist Schnaps«

eingebläut.

Klar ist es oft unumgänglich, dass der ein oder andere Arbeitskollege zu einer Art Freund heranwächst. Schließlich verbringt man einen Großteil des Tages mit den Kollegen. Genaugenommen mehr als mit dem Partner oder der Familie. Das ist nunmal so. Seine Kollegen kann man sich aber nicht aussuchen. Oder doch? Andreas sagt: Doch, kann man. Als Selbständiger sowieso. Er und Helmut haben sich Freunde und Familienmitglieder zu Kollegen gemacht, Menschen beruflich um sich geschart, von denen sie wussten, dass sie mit ihnen klarkommen und ein gemeinsames Ziel verfolgen können. Andis Hochzeit mit Margot war am 30. Juni 2007. Andi selbst hat genau eine Woche zuvor seinen Innendienstleiterposten bei Buderus gekündigt. Zu diesem Zeitpunkt bestand mobiheat fast nur auf dem Papier und war sozusagen nicht mehr als eine Randerscheinung der Haustechnik Schäffer. Viel mehr als eine Telefonnummer und eine E-Mail-Adresse gab es nicht. Beides wurde umgeleitet auf Andreas' Handy beziehungsweise seinen Laptop. Doch wirft man heute einen Blick auf die Gästeliste der Hochzeit, finden sich dort Namen wie Wolfgang Sonntag, Roland Meisl, Stefan Gigl, Petra Bernhard, Sabrina und Thomas Henl, Helmut Schäffer, Waltraud Gerner, Christoph Pfitzner, Detlev Kaupert, Jürgen Kistler, Rainer Schübl oder Christian Reitmeier und sein Bruder Alex mit Mona. Bis auf Helmut hatte von diesen Menschen damals niemand nur im Entferntesten etwas mit mobiheat zu tun. Heute sind das alles Mitarbeiter, beziehungsweise arbeiten eng mit dem Unternehmen zusammen. Alex Reitmeier wurde sozusagen der Haus- und Hofarchitekt, Rainer Schübl kümmert sich mit seiner Steuerkanzlei um die Finanzen der GmbH. Scheinbar macht er das recht gut. Denn Helmut sagt über ihn, wenn es um Finanzfragen geht: »Der Rainer ist die höchste Instanz, da kommt nur noch der liebe Gott drüber«. Der Rest der angeführten Hochzeitsgäste ist oder war direkt im Unternehmen angestellt. Es zeigt sich also, dass mit Menschen, mit denen man sich gerne umgibt, auch beruflich viel entstehen kann.

Für mich war das zunächst etwas seltsam. »G'schäft ist G'schäft und Schnaps ist Schnaps« eben. Natürlich wäre es etwas verlogen, zu behaupten, dass das Ding mit Freunden und Familienangehörigen auch immer zu 100 Prozent funktioniert. Die Erfahrung bei mobiheat hat ebenfalls gezeigt, dass man auch mit Enttäuschungen konfrontiert wird und dementsprechend Konsequenzen ziehen muss. Vielleicht tut das dann auch ein bisschen mehr weh als bei »Fremden«. Bestimmt sogar. Trotzdem hat es sich bis heute als der richtige Weg herausgestellt, Bekannte am Unternehmenstraum teilhaben zu lassen. Eigentlich ganz logisch. Jeder von uns würde sein Haustier während des Australienurlaubs seinen Freunden anvertrauen und nicht Fremden. Ich weiß, der Vergleich Haustier

– Unternehmen hinkt ein wenig, aber einen besseren habe ich gerade nicht parat. Das Ganze soll aber nicht heißen, dass sich mobiheat für Fremde verschließt. Gerade ein Unternehmen, das aus einer Freundschaft heraus entstanden ist, hat die Fähigkeit, neue Menschen in diesen Freundeskreis zu integrieren. Andreas spricht immer von der »Macht der Gruppe«.

Als wir weiter die Maximilianstraße entlanggehen, bemerke ich, dass ich Andreas' Büchlein noch immer in Händen halte. Als wir kurz warten müssen, weil eine japanische Reisegruppe das bunt bemalte Weberhaus in all seinen Facetten abfotografieren muss, werfe ich fast schon unbewusst nochmal einen Blick in Andis Buch und sehe, dass er sich zu der »sinnlosen Rumänienreise« auch noch ein kleines Fazit notiert hat:

Notizbuch

Bei Freunden kennt man Stärken und Wünsche des jeweiligen besser und entwickelt eine Position im Unternehmen, in der er sein Potential optimal ausschöpfen kann. Dadurch sind »Turbos« für mobiheat entstanden. Jeder kann das tun, worin er stark ist. Roland kümmert sich beispielsweise gerne um Menschen. Für ihn ist Harmonie sehr wichtig. So war für uns schnell klar, dass er derjenige sein muss, der für das Personal verantwortlich ist. Wolfgangs Stärken liegen in der praktischen Umsetzung, deswegen ist er der Verantwortliche für Produktion, Service und Technik. Wichtig: Stärken des jeweiligen Menschen suchen und diese zur Entfaltung bringen! Das ist der Grund, warum sich mobiheat innerhalb von 5 Jahren zum Marktführer entwickelt hat. Mit Freunden spricht man viel mehr und so kann man auch Situationen gut klären, in denen es nicht geklappt hat. Jeder Fall ist anders und sehr komplex – wie wir als Menschen so sind. Aber im Grunde glaube ich, dass ich nicht den richtigen Draht zu dem- oder derjenigen gefunden habe, wenn es einmal nicht klappt. Das Positive ist, man lernt daraus und die gewonnene Erkenntnis ist immer hilfreich für die Zukunft. Ich versuche heute sogar, aktiv mit dem ein oder anderen »fremden Neuen« ein Gespräch zu führen, wie mit Freunden - so macht arbeiten eigentlich am meisten Spaß und die Wahrscheinlichkeit ist sehr groß, dass sich in gewisser Art und Weise eine Freundschaft entwickelt. Der »Neue« kann sich so besser entfalten. Nach dem Motto: Lass die Leute surfen (lass sie frei arbeiten). Die Ergebnisse sind fantastisch. Das Wachstum der mobiheat ermöglichte bestimmt auch den Freunden Alex Reitmeier und Rainer Schübl, ihre eigenen Firmen voranzutreiben. Freundschaftliche Power hat eine unglaubliche Strahlkraft! Unter Freunden will man einfach, dass es klappt und so findet man den besten Weg für beide Seiten. Man spürt viel mehr, dass man für andere Menschen arbeitet und eben nicht nur für ein Unternehmen.

Das äußere Erscheinungsbild der Heizzentralen änderte sich im Lauf der Jahre.

oben rechts
Das erste Elektroheizmobil von mobiheat.

links
Mach was mit Freunden – viele ehemalige Kollegen von Buderus arbeiten heute bei mobiheat.

Danke Christian!

Christian Reitmeier hat zusammen mit Andreas die komplette Einführung des Warenwirtschaftssystem SAP durchgezogen. Dazu waren unzählige Überstunden und die ein oder andere Nachtschicht nötig. Dieser Bärendienst war ein enorm wichtiger Schritt für die Zukunft von mobiheat.

Sichtbarkeit

Augsburg, Freitag, 17 Uhr

Kurz überlege ich bei mir, mit welchen meiner Freunde ich mich wohl selbstständig gemacht hätte. Bevor mir jedoch eine vernünftige Idee in den Sinn kommt, löst sich die Gruppe knipsender Japaner vor uns auf und wir gehen weiter. Als wir fast vor'm Rathaus angekommen sind, drängen sich große Buchstaben von rechts in mein Sichtfeld. »Augsburger Allgemeine« steht über einer Eingangstür. Da ich ja selbst bis vor kurzem Teil einer großen Tageszeitung – pardon, einer großen Münchner Tageszeitung – war, will ich wissen, ob das hier die Redaktion ist. Helmut sagt, soweit er wisse, sei hier das Kundencenter der Zeitung.

Bisher habe ich mir nie groß Gedanken gemacht, wie die Zeitungen beworben werden, in denen ich täglich meine geistigen Ergüsse zum Besten gab. Ich ging auf Termine und Pressekonferenzen, schrieb Artikel, layoutete Seiten, stellte Artikel online und gut war's.

Klar bin ich nicht so weltfremd, nicht zu wissen, dass man auch Werbung machen muss, um die Zeitung zu verkaufen. Aber das war schließlich nicht mein Aufgabengebiet, weshalb ich mich wenig mit dem Thema beschäftigt habe. Seit ich bei mobiheat bin, ist das ein wenig anders. Bei einer Firma dieser Größenordnung ist es nicht unnormal, dass die Öffentlichkeitsarbeit auch mit dem Marketing zusammenhängt und sich die Arbeit um das Vermarkten der Produkte dreht. Für mich eine völlig neue Welt, aber eine durchaus interessante. Ich habe hier ein direktes Feedback der Kunden. Sobald wir im Marketing Newsletter zum Verkauf gebrauchter Heizmobile durchs Netz schicken, bekommen wir nur kurze Zeit später aus der Vertriebsabteilung die Rückmeldung, dass das Telefon kaum stillsteht, weil sich viele nach den Gebrauchtanlagen erkundigen. Das fühlt sich gut an. Ich merke an diesem Job aber auch, dass es harte Arbeit sein kann, auf sich aufmerksam zu machen, und denke mir, dass in kleineren Firmen oft gar nicht die Zeit ist, sich mit diesem Thema zu beschäftigen. Das ist schade, weil es doch viel bringen würde. Das Internet ist mittlerweile ein extrem wichtiger Spielplatz geworden, den viele Unternehmen noch nicht richtig oder gar nicht bespielen. Mit weniger Aufwand kann man sogar mehr erreichen als auf herkömmlichen Wegen. Einfaches Beispiel: Einen Flyer mit Werbung muss ich entwerfen, drucken und verteilen lassen. Das bedeutet einen großen Aufwand mit einer überschaubaren Reichweite. Mit einer E-Mail erreiche ich tausende

Menschen mit nur einem einzigen Mausklick. Doch dieses »auf sich aufmerksam machen« ist gerade am Anfang nicht so leicht.

Andreas hat mir mal erzählt, dass er sich über die Sichtbarkeit der Firma schon früh Gedanken gemacht hat. Zumindest wusste er im zarten Alter von 7 Jahren bereits, dass er mal ein eigenes Unternehmen haben möchte und wie das aussehen soll. Er baute sich seine Firma damals einfach aus Lego-Bausteinen. Quasi die erste Vision. Wir gehen ein paar Schritte weiter, setzen uns auf eine Bank vor dem Rathaus, und Andreas erzählt:

»Diese Firmen hatten Hallen mit Laderampen für Lastwagen und es gab Bürogebäude, die mindestens vier- bis fünfstöckig waren. Alles beleuchtet, versteht sich. Von einem kleinen Kissinger Fahrradhändler, Willi Kügle, um die Ecke meines Elternhauses in der Bahnhofstraße, holte ich kleine Lämpchen mit Fassungen und ein paar Elektrokabel. Immer wieder eine Schau: Ich öffnete die Tür zum Laden, ein Glöckchen bimmelte, es signalisierte, dass jemand im Laden war. Hinter der Theke öffnete sich dann eine Tür und Herr Kügle Senior, ein älterer Herr, trat an die Theke. Er fragte immer ganz freundlich, was ich denn diesmal bräuchte. Langsam packte er alles zusammen und gab es mir über den Tresen. Schnell ging es mit dem Radl zurück, entlang der Münchener Straße nach Hause in den Keller, wo meine Legofirma auf mich wartete. Toll, wie das immer aussah, nachdem ich die Lämpchen installiert hatte. Und alles funktionierte ohne Werbung, einfach so. Im Spiel war der Kunde einfach da. Auch bei den legendären Firmenfesten, bei denen im Hintergrund ein Kassettenrecorder die Band simulierte.«

Nach Andreas' Ausflug in seine Kindheit stehen wir auf und gehen auf den Rathausplatz. Es ist mittlerweile 17:59 Uhr. Ich frage nach, ob es denn tatsächlich so einfach gewesen ist wie in seiner Legowelt? Nein, das hat mit der Realität leider wenig zu tun, sagt Andreas. Im wahren Leben war der Kunde nicht einfach so da, wie in der heilen Welt aus Kunststoffbausteinen. 2008 war der Punkt gekommen, an dem Helmut und Andi wussten, dass es nicht mehr reicht, eine Webseite im Netz zu haben und dem ein oder anderen möglichen Kunden einen Brief zu schreiben. Die Produkte mussten möglichst vielen Leuten sichtbar dargestellt werden. Fachmessen sind hierfür nach wie vor eine perfekte Plattform. Mittlerweile ist mobiheat das Jahr über auf knapp 10 größeren Messen sowie einigen kleineren Hausmessen vertreten. Ich frage Andi, wie und wann das mit den Messen eigentlich begonnen hat. Und ein bisschen kann ich seine Antwort schon erahnen. Deshalb muss ich auch fast lachen, als er sagt: »Ich hab's aufgeschrieben«. Also beginne ich wieder im schwarzen Büchlein zu blättern, das ich eh noch in den Händen halte.

Notizbuch

Die italienische Zukunft

Ich kann mich noch gut erinnern, als Helmut mir erzählte, dass Werner Ortner, der Chef von Richter + Frenzel Augsburg, plötzlich vor der Tür der Schäffer Haustechnik stand. Ich selbst war zu der Zeit gerade unterwegs – leider. Ich kannte Werner nämlich gut aus unserer Lehrzeit. Besser gesagt, aus meiner Lehrzeit bei Richter + Frenzel. Ich habe bei dem Fachgroßhandel für Sanitär- und Heizungsprodukte meine Ausbildung zum Groß- und Außenhandelskaufmann gemacht. Das war von 1990 bis 1993. Werner war damals schon Außendienstler und ist heute der Chef. Werner besuchte Helmuts Handwerksbetrieb, um Geschäftliches zu besprechen. Nebenbei kamen sie auch auf unsere mobiheat zu sprechen. Das Glück dabei war für uns, dass Werner die Information über unsere kleine Firma an seine Kollegen aus der Werkzeugsparte weitergab und diese zufällig auf der Suche nach einem Elektroheizmobil waren. Mit dem Gerät, welches sie im Programm hatten, waren sie nicht mehr zufrieden. Ein paar Tage nach dem Besuch kam ein Anruf von der WVG. Als Insider, ich bin ja schließlich dort Lehrling gewesen, wusste ich natürlich sofort, dass die WVG zu Richter + Frenzel gehörte. Yes, dachten wir. Ein Großer will unsere Produkte. Einen Termin später waren wir mit unserem mobiheat-Elektroheizmobil nicht nur im Handelskatalog, sondern auch gleich noch mit auf der größten internationalen Leitmesse für Heizung und Sanitär: auf der ISH Frankfurt 2009. Selbst konnten wir uns gar keine Teilnahme leisten, die Standmiete war schnell bei ein paar tausend Euro. Aber unser erster Großhandelskunde, die besagte WVG, schlug uns spontan eine Teilnahme auf ihrem Stand in der Werkzeughalle vor. Anscheinend waren wir beim Vor-Ort-Termin sehr überzeugend, so dass Wolfgang Brunner und Werner Staab, die Chefs der WVG, uns gleich mit unserem Topseller auf der Messe dabeihaben wollten. Bis dahin waren unsere Verkaufsstückzahlen ziemlich überschaubar. Deshalb war zu diesem Zeitpunkt das Wort Topseller für

unsere Produkte eigentlich nicht ganz richtig. Aber am Anfang geht es wahrscheinlich jedem Gründer so, dass er in Verkaufsgesprächen die Realität ein bisschen geschönt darstellt, um Größe zu zeigen. Klingt auch blöd, zu sagen: Wir haben eigentlich nichts, aber habt Vertrauen, das klappt schon.
Super, Hammer, das erste Mal präsentieren wir mobiheat auf einer großen Bühne! Auf einer internationalen Leitmesse. Zwar nur auf einer kleinen Ecke auf dem WVG-Stand, aber immerhin, es fühlte sich schon mal viel größer an als unsere Garagenfirma.
Auf ging's für eine Woche nach Frankfurt. Unsere erste große Bühne war bestellt. Schnell noch zwei Zimmer gebucht, da blieb uns der Schnabel trocken: 4150 Euro. So lernten wir, dass Sichtbarkeit in Form von Werbung echt was kostet. Aber was willst du machen? Die Leute müssen wissen, dass es uns gibt. Und wenn wir viel verkaufen, ist das sowieso scheissegal. In der Vergangenheit hatten wir ja schon gelernt, dass man zum Leben gar nicht so viel braucht. Wir reisten einen Tag vor Beginn der Messe an, denn wir mussten unsere Ecke auf

oben
Spaß nach einem anstrengenden Messetag: Christian und Andi mit Georg Scharringhausen (Mitte).

rechts
Der einstige Traum von einem imposanten Messeauftritt ist nun Wirklichkeit.

unten
mobiheat beheizt ein Hamburger Stadtviertel.

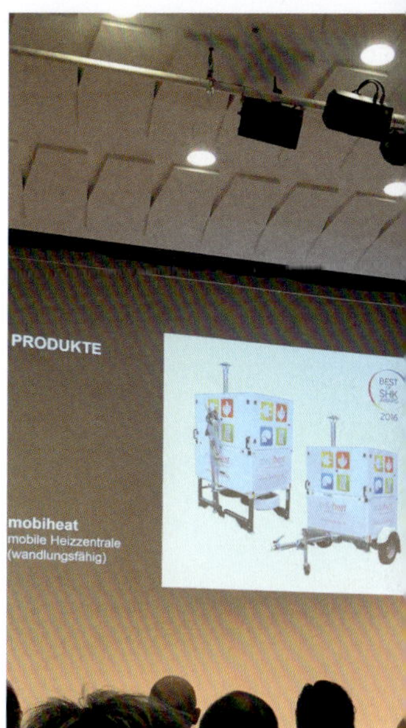

oben
90 Meter Bandenwerbung - mobiheat ist in der Bundesliga angekommen.

rechts
Preisverleihung für innovative Produkte.

dem Messestand selbst bestücken und aufbauen. Am nächsten Morgen ging es los. Beide waren wir gespannt. Und am Ende des Messetages konnten wir einige Kunden-Gespräche verzeichnen und das ein oder andere Gerät hatten wir sogar verkauft. Besser gesagt, die WVG, unser Kunde, der Großhandel, hatte die Geräte verkauft. Wir haben die Messebesucher nur beraten. Gekauft haben sie es nachher bei dem Zuständigen der WVG. Die Tage vergingen und wir konnten uns intensiv über die Vermarktung unserer Produkte austauschen. War die Dreistufigkeit, also Verkauf über Händler, unsere Lösung? In Frankfurt auf dem Messestand hatte es schon mal geklappt. Aber hier hatten wir selbst beraten. Unsere Wettbewerber waren allesamt Direktanbieter. Sie hatten also die direkte Ansprache zum Endkunden, in der Regel den Heizungsbauer. Wenn wir unseren Vertrieb über die Händler organisieren sollten, müssten wir uns auf die Händler verlassen und denen natürlich etwas von der Marge abgeben. Funktioniert das überhaupt? Finden andere Großhändler unsere Produkte überhaupt interessant? Fragen über Fragen – und trotzdem entstand ein gemeinsames Bauchgefühl. Ja, es wird schon funktionieren. Wir machen es anders als unsere Wettbewerber, sagte Helmut. Allein dieser Satz fühlte sich gut an. Und dann ergänzte Helmut noch: Und außerdem käme ich doch aus den Vereinen, die in der Dreistufigkeit unterwegs waren. Ich könnte eh nichts Anderes. Ok, dachte ich. Dann machen wir das so.

Am vorletzten Abend waren in vielen Hallen Messepartys angesagt. Wir zogen von der einen Party zur nächsten. Trafen ein paar alte Bekannte, denen wir allen erzählten, dass wir hier auch ausstellen. Keiner glaubte uns. Wir wurden als Spinner abgetan. Aber das machte nichts. Wir fühlten uns gut und richtig aufgehoben. Neben dem großen Vaillant, an dessen Stand eine Messeparty stieg und wir mittendrin waren, fiel uns ein etwas kleinerer, überschaubarer Messestand mit vielleicht 100 Quadratmetern auf. Dort fand ebenfalls eine kleine Messeparty statt. Italienischer Abend war dort angesagt. Italienische Musik und kleine Antipasti gab es. Wow, eine tolle Atmosphäre. Der ein oder andere hatte ein Glas Wein in der Hand. Angeregte Diskussionen fanden auf dem Stand statt. Wir selbst standen außen, an der Ecke zum großen Vaillant-Stand, und betrachteten das italienisch angehauchte Treiben. Glaubst du, fragte ich Helmut, so einen Stand und so einen Messeabend mit Musik, Essen und Wein, das können wir auch schaffen? Klar, meinte Helmut, kurz und knapp. Bei dem Vertrieb, wie wir ihn jetzt haben, sollte das doch kein Problem sein. Ok, wir hatten einen Kunden als Großhändler und haben hier auf der Messe jetzt mal ein paar Geräte an den Mann gebracht. Aber ich fühlte, er hat Recht. Der Grundstock für unseren Vertriebsweg über Händler wurde hier gelegt.

Mit unserem ersten Großhandelskunden lief es dann nach der Messe tatsächlich sehr gut. Unser Partner machte einen hervorragenden Job. Der von uns gewählte Vertriebsweg wurde somit bestätigt. Wir waren auf dem richtigen Weg. Ab da gingen wir auf die Suche nach weiteren Händlern, das war aber gar nicht so einfach. Da reichte nicht einfach ein Besuch und los ging es. Nein, wir mussten Geduld und Ausdauer mitbringen. Wir reisten durch ganz Deutschland und stellten bei Händlern unsere mobiheat vor. Eine neue Umsatzchance für den Handel. So präsentierten wir unsere Firma. Als Verkaufsprodukt einen Topseller und als Vermietungsprodukt ein klasse Streckengeschäft, weil keine Lagerhaltung. Das sollte doch genügen, damit andere Händler nachziehen und loslegen. An und für sich fanden die Großhändler das Thema schon interessant, aber das mit dem Loslegen war so eine Sache. Uns fehlten natürlich noch die nötigen Netzwerke. Auf einer Reise nach Berlin waren Helmut und ich schon sehr gefrustet. Wir waren auf dem Weg zu einem Großhändler. Natürlich wieder mal unsere Geschichte mit den Umsatzchancen für den Handel vorstellen. Erneut das gleiche Ergebnis. »Sehr interessant - wir müssen mal sehen«, lautete die Antwort auch diesmal auf unsere Präsentation. Nach dem Termin gingen wir mit dem Verantwortlichen des Händlers zu einem Griechen zum Essen. Wir saßen draußen. Das Wetter war hervorragend. Ein schöner Spätsommerabend. Und plötzlich klingelte mein

Handy. »Ulrich Scharringhausen. Hallo Andreas, du hast mir doch letztens von eurer mobiheat erzählt und dass ihr über Händler eure Produkte verkaufen wollt. Wenn das wirklich so ist, dann sprich mal mit meinem Bruder Georg. Er ist Handelsvertreter und bestens vernetzt. Du hast doch gesagt, ein Netzwerker wäre nicht schlecht. Ruf ihn einfach an. Er wohnt in Hamburg. Ich sende dir per SMS seine Nummer.« Gesagt, getan. Am gleichen Abend fuhren wir noch nach Hamburg weiter. Dieser bis dahin uns unbekannte Georg reservierte uns gleich ein Hotel am Rothenbaum, in der Nähe des Tennis-courts, wo in der Vergangenheit Boris Becker und Steffi Graf ihre Schlachten geschlagen hatten. Wir trafen uns zum Frühstück am nächsten Morgen in diesem Hotel. Wir waren uns von Anfang an sympathisch und tauschten uns aus. Er wollte die Sache und die Möglichkeiten mal prüfen und uns dann Bescheid geben. Nach zwei Tagen kam der Anruf: Ist interessant. Auch Georg hat wie wir eine Vergangenheit bei einem Händler. In dem Fall war es der größte in Deutschland, die GC-Gruppe. Er arrangierte uns ein Gespräch mit den verantwortlichen Leuten. Sie hießen Günter Schmitz und Franz-Joseph Kempkes. Ein Netzwerk, wenn Menschen sich kennen, ist der Schlüssel zum Erfolg. Das ist doch eine tolle Erkenntnis fürs Leben. Georg, Helmut und ich bereisten so halb Deutschland in den nächsten Monaten. Norddeutschland, den Westen und den Osten. Überall präsentierten wir unsere mobiheat-Story. Zweifel waren immer noch da, ob das wirklich so klappt, wie wir uns das vorstellen. Aber der Glaube versetzt bekanntlich Berge. Und außerdem waren wir jetzt vertriebsseitig nicht mehr auf uns gestellt. Allein, dass Georg jetzt durch ganz Deutschland jettete, war für uns schon eine Bestätigung, dass es klappte. Schließlich musste Georg auch von etwas leben. Nach und nach etablierte sich unser Vertriebsweg über die Dreistufigkeit immer mehr. Unser Umsatz stieg und wir bekamen immer mehr Händler dazu. Was darüber hinaus noch an Bedeutung gewann: Allgemein wurde unser Thema mobile Wärmeversorgung durch diesen Vertriebsweg bekannter - es war ja schließlich nur ein Nischenprodukt.

Danke Georg!

Nicht nur wichtig für den Einstieg in den dreistufigen Vertriebsweg:
Georg Scharringhausen verbindet Menschen und findet für jeden die richtige Ansprache. Wenn es um die Idee von mobiheat geht, ist ihm kein Weg zu weit.

Auf der Überholspur trotz schwerer Last

Augsburg, Freitag, 19:21 Uhr

Jemand schreit: »Aus! Der war im Aus«. Ich drehe mich um und sehe, dass verschwitzte Männer und Frauen in knappen Höschen mitten auf dem Augsburger Rathausplatz stehen und Volleyball spielen. Für diesen Beachvolleyballplatz wurde extra Sand aufgeschüttet. Der Schweißausfluss von uns dreien hält sich in Grenzen. Wir sitzen mittlerweile in bequemen Liegestühlen am Rande des Spielfeldes und genießen jeweils einen Caipirinha, den ein naheliegendes Café serviert. Fast wie im Urlaub, denke ich mir. Eigentlich komisch, dass ich Strand und Sonne mit Urlaub verbinde. Die Urlaube meiner Kindheit verbrachte ich mit meinen Eltern allesamt in Österreich. Ohne Strand und ohne Meer.

Gerade als ich in Gedanken versunken bin und über meinen ersten Urlaub am Meer nachdenke, holt mich ein lautes Läuten in die Realität zurück. Was war das? In unmittelbarer Nähe sehe ich einen großen Turm, der die Glockengeräusche von sich gibt und damit lauthals allen Augsburgern mitteilt, dass es nun 20 Uhr ist. »Das ist der Perlachturm«, sagt Helmut, ohne, dass ich ihn gefragt habe. Er konnte die Wissenslücke wohl an meinem Gesichtsausdruck ablesen. »Und was kann der?«, frage ich. »Der kann nichts«, sagt Andreas, »aber wir können. Und zwar hochgehen.« Dass dieser Satz nicht nur als Information dienen sollte, sondern zeitgleich eine Aufforderung war, bemerke ich daran, dass Andreas blitzschnell aus seinem Liegestuhl aufspringt und erwartungsvoll wie ein Kind in Helmuts und meine Richtung blickt. Wir wissen beide, dass Widerworte jetzt sinnlos wären. Also folgen Helmut und ich dem selbsternannten Stadtführer quer über den Rathausplatz Richtung Perlachturm. »Die gelbe Fahne weht«, schreit uns Andreas entgegen, der schon 30 Meter voraus ist, weil er doppelt so schnell läuft wie wir. »Er wieder mit seinen Fahnen«, sagt Helmut und erklärt beim Gehen, dass Andreas einen kleinen Fahnentick hat. Egal an welchem Standort sich mobiheat niedergelassen hat, Andreas bestand darauf: Fahnen mussten vor der Türe wehen. Erst dann sei eine Firma eine Firma.

Andreas bleibt stehen und als wir bei ihm angekommen sind, erklärt er uns, dass die gelbe Fahne auf dem Perlachturm signalisiere, dass es sich besonders lohnt, ihn zu besteigen, weil es Föhn hat und die

Aussicht von dort oben extrem gut ist. »Da kann man heute bis zu den Alpen sehen«, erzählt uns Andreas. Am Fuße des Turms angekommen, lesen wir: »Heute bis 21 Uhr geöffnet«. Normalerweise kann der Turm nur bis 18 Uhr betreten werden. Wir freuen uns, dass sich unser Weg gelohnt hat. Wieder einmal zeigt sich, wenn auch nur im Kleinen, das Glück des Tüchtigen gibt es wirklich. Man muss es aber auch erkennen. 258 Stufen liegen vor uns. Zwei von uns Dreien bewältigen sie fast mühelos, Helmut kommt mit einer kleinen Verzögerung auch oben an. Beziehungsweise fast oben. Denn etwa 10 Stufen vor der Aussichtsplattform sitzt plötzlich eine ältere Dame in einem Kassenhäuschen.

Zwei Euro Eintritt pro Person verlangt sie fürs Weitergehen. Helmut und Andreas haben natürlich kein Bargeld dabei. Diese Situation kenne ich bereits von meiner bisherigen Zeit mit ihnen. So schmunzle ich und ziehe die sechs Euro aus meiner Tasche. Umdrehen kurz vor dem Ziel ist keine Alternative, waren wir uns einig, ohne es besprochen zu haben. Drei ältere Damen so um die Siebzig kommen uns laut lachend entgegen. Eine davon hat eine Flasche in der rechten Hand und in der linken drei kleine Gläser. »Guten Tag, die Herren, ich glaube, ihr könnt einen Schnaps vertragen – ihr seht so erschöpft aus«, sagt die Dame mit der Flasche und schenkt uns schon einen ein. Ohne wirklich oben angekommen zu sein, kommen wir an dieser Zahlstation noch zu einem

kurzen aber intensiven Gespräch mit den Damen. Wir unterhalten uns über das Leben und das Älterwerden und kippen den Schnaps hinunter.

Nachdem wir nun die letzten Stufen erklommen haben, bietet sich uns tatsächlich ein gigantischer Ausblick. Stille tut gut, Ausblick, Ferne, Ruhe. Ich lasse den Tag Revue passieren und denke beim Ausblick in die Welt hinaus noch einmal an die Geschichte von der Reise nach Rumänien. Da fällt mir ein, dass ich in Andis Büchlein gelesen habe, dass er und Helmut schon weitere Wege auf sich genommen haben. Ich unterbreche die Stille und frage die beiden, wo denn dieses Weiterweg als Rumänien war. Wieder höre ich eine Geschichte über eine waghalsige Reise, mit einem prägenden Ende auf der Autobahn. Besser gesagt, Andreas liest sie mir sogar persönlich vor.

Notizbuch

Im Frühjahr 2008 beheizten wir eine Indoor-Unterwasserwelt mit 500.000 Liter Wasser. Es war das SEA LIFE Ozeanbecken im Legoland Deutschland bei Günzburg. Dort sollte bald die Eröffnung dieser Attraktion gefeiert werden und mehr als 2000 Fische und über eine Million Legobausteine sollten hier ihr Zuhause finden. Unser Job war es, das nur 10° Grad kalte Wasser auf meerestiertaugliche 28° Grad zu bringen und das Ganze in nur zwei Tagen. Für solch knifflige Aufgaben ist Wolfgang unser absoluter Spezialist. Wolfgang machte einfach und er erledigte die Herausforderung so gut, dass sich ein paar Tage darauf gleich eine sehr nette Dame der Merlin Entertainments Group bei mir meldete. Das sind die Inhaber der SEA LIFE Ozeanbecken weltweit. Sie sagte nur knapp, dass sie gestern im Legoland Deutschland gewesen sei. Genau das Gleiche bräuchte sie in einem anderen SEA LIFE. Damit meinte sie warmes Wasser - viel warmes Wasser. Bis spätestens kommenden Montag

Sportler heizen mit provisorischen …

Wieder warm duschen dank mobiler Technik / GSC rechnet mit hohen K…

analyse“ hatte der GSC-Vorstand auf „extreme Energie- und Wartungskosten“ der mehr als 43 Jahre alten Heizung hingewiesen. Im September kamen auch Fachleute eines Starnberger Ingenieurbüros nach einem zweistündigen Rundgang zu dem Ergebnis: „Die ganze Anlage ist in einem sehr schlechten Zustand“ (wir berichteten). Spätestens nach Ende der Heizperiode nach diesem Winter wäre ohnehin eine Generalsanierung fällig. Ein Sponsor hat bereits einen neuen Kessel spendiert. Bis jetzt ist aber im Rathaus nach etlichen Diskussionen immer noch keine Entscheidung gefallen, wann welche Arbeiten in Angriff genommen werden …

hin ungestört weiterlaufen lassen zu können und wieder ein beheiztes Gebäude zu haben. Das Provisorium kostet aber auch Geld: Mattes sieht Ausgaben in Höhe einer „fünfstellige Summe“ auf den Verein zukommen, der ohnehin finanzielle Probleme hat.

Nr. 03 März/April 2017 — ABEX-Post

MOBIHEAT UND DER FC AUGSBURG

Zwei Erstligisten arbeiten zusammen

Stolz präsentieren die beiden Firmengründer Helmut Schäffer (li.) und Andreas Lutzenberger die Bandenwerbung in der WWK Arena in Augsburg.

Pünktlich zur Rückrunde der Fußballbundesliga kann der FC Augsburg ein neues Partner-Unternehmen begrüßen. Die mobiheat GmbH hat sich dem bayerisch-schwäbischen Erstligisten angeschlossen. Das Unternehmen mit Sitz in Friedberg-Derching bietet mobile Heizzentralen an, … Augsburg wird als sehr sympathischer Verein wahrgenommen und besitzt genau die Attribute, die wir uns von unseren Mitarbeitern wünschen. Einsatz, Leidenschaft und Kontinuität zeichnen uns beide aus. Wir haben uns zu dieser Partnerschaft entschlossen, um uns als Marke … halb von knapp zehn Jahren ist es dem Unternehmen gelungen, sich mehrere Standorte aufzubauen und Prozessabläufe und Qualitätsstandards stetig zu erhöhen“, kommentiert Peter Bircks, Geschäftsführer Marketing des FC Augsburg …

Lokales — GAUTING UND WÜR…

Heizkessel gibt den G…

Lokales

…NHOFENER WIRD WACHSTUMSCHAMPION

Wenn aus einer Idee mobile Wärme wird

…Firmengründer haben eine Idee, mit der sie später selbstständig …hen. Bei Andreas Lutzenberger und Helmut …äffer war das anders: …waren sich erst einig, …e Firma zu gründen, … Idee kam dann. Wie …n herausstellte, eine …hr gute sogar.

VON CHRISTIAN CHYMYN

Pfaffenhofen – Andreas Lutzenberger aus Pfaffenhofen hat vor einigen Jahren eine Firma gegründet. Das ist nicht allzu spektakulär, das haben andere Landkreisbewohner auch. Doch die Auszeichnung, die Lutzenbergers Betrieb „mobiheat“ jetzt erhalten hat, ist sehr wohl etwas Besonderes. Nach einer Erhebung der Zeitschrift Focus wurde die Firma als Wachstumschampion 2016 geehrt. Das bedeutet, sie gehört zu den 500 wachstumsstärksten in ganz Deutschland. Lutzenberger verkauft Wärme – mobile Wärme.

Vor zwölf Jahren begann alles. Der heute 40-Jährige hat sich in Pfaffenhofen ein Haus gebaut. Dort lebt der gebürtige Kissinger mit seiner Frau, die aus Egenburg stammt, und seinen beiden Töchtern.

Lutzenberger arbeitete damals als Innendienstleiter bei Buderus, einem großen Hersteller von Heizungsprodukten. Er spürte aber, dass da noch mehr ist, das in ihm schlummerte. Die Lust auf etwas Großes. Doch groß war zu diesem Zeitpunkt noch gar nichts. Es gab nur eine kleine Idee – die Idee, sich selbstständig zu machen. …

Vor zwölf Jahren begann alles: Helmut S… Andreas Lutzenberger gründen die mob…

zusätzliche Auslieferungslager in ganz Deutschland. Die mobiheat GmbH ist mittlerweile eines der führenden Unternehmen im Bereich der mobilen Energie. Als Hersteller und Wärmedienstleister produziert, vermietet und verkauft mobiheat Heizmobile und Heizcontainer, als Überbrückung bei Heizungsnotfall oder Umbau. Mit kleineren Geräten können Einfamilienhäuser beheizt werden, wenn die Heizung ausfällt, mit den Heizzentralen in Autoanhängern oder Containern werden …

76 — MOBIHEAT GMBH

Die VISION von mobiler Wärme

MOBIHEAT GMBH

Die mobiheat-Firmengründer Helmut Schäffer (li.) und Andreas Lutzenberger mit einer neu entwickelten mobilen Heizzentrale, bei der die Räder ausgeklappt werden können.

GSC-Chef Michael Mattes hatte schon …

oben links
Im Fokus: Helmut und Andreas im Interview bei der Standorteröffnung von mobiheat Krefeld.

oben rechts
Christian im Gespräch mit einem BR-Moderator.

mittig, unten links
Mobiman: Ein Held ist geboren – der Mobiman als Werbefigur.

bräuchte sie dort auch die besagten 28° Grad Wassertemperatur, damit der Eröffnungstermin nicht gefährdet sei. Wo ist das Problem, dachte ich. Die Dame am anderen Ende der Leitung sagte es mir prompt: Dieses SEA LIFE liegt in Portugal, genauer gesagt in Porto, direkt am Atlantik. Super, klingt nach Urlaub. Aber das Problem war mir in diesem Moment schon klar: Einfache Fahrt 2400 irgendwas Kilometer, verriet mir Google Maps noch während ich am Telefon war. Das war an einem Dienstag und am darauffolgenden Montagmorgen sollten wir den Job erledigt haben. Helmut bekam das Gespräch mit. Er saß mir wie immer gegenüber: Das ist doch mal eine Herausforderung, sagte er. Los, mach sofort das Angebot und hol den Auftrag, flehte er mich fast an. Daraufhin machte ich mich an die Arbeit. Die Kalkulation des Angebots war uns beiden sofort klar. Der Trip sollte uns vor allem Spaß bringen. Deswegen sollten folgende Kosten auf jeden Fall gedeckt sein: Benzinkosten, Maut und solches Gedöns, ein 5-Sterne-Luxushotel direkt am Meer sollte es schon sein, natürlich gutes Essen, und am Schluss ein kleiner Gewinn. Eine einfache Rechnung eigentlich. Auf Basis dieser Kalkulation ging das Angebot per Mail an die nette Dame. Den ganzen Mittwoch darauf hörte ich nichts mehr von ihr und erreichen konnte ich auch keinen mehr unter ihrer Telefonnummer. Anscheinend wollte ATLANTIS SEA LIFE uns den Urlaubstrip nicht bezahlen. Schade, aber auch kein Problem, denn wir hatten eigentlich sowieso keine Zeit. Für uns war die Sache damit quasi erledigt. Das änderte sich um 17.21 Uhr schlagartig, als uns eine Mail aus Großbritannien erreichte. Es war die schriftliche Bestellung der Firma Merlin Entertainments. Was nun? Bekommen wir das noch hin? Klar, wenn wir jetzt dann gleich aufbrechen, könnte es klappen, rief Helmut aufgeregt. Helmut steht auf solche Feuerwehr-Einsätze, die eigentlich kaum zu schaffen sind. Wolfgang machte uns noch die mobile Heizzentrale fertig. Er legte uns ein paar Ersatzteile rein und wünschte uns viel Glück, er hatte den gleichen Job ja schon mit Bestnote erledigt. Wir fuhren noch an unser beider Zuhause vorbei, packten ein paar Klamotten ein und schon waren wir auf der Autobahn

Richtung Frankreich unterwegs. Laut Anzeige des Navigationsgerätes in Helmuts schwarzem Batmobil lagen genau 2461 Kilometer und vier Länder vor uns. Eine spannende Reise begann. An unserer Anhängerkupplung hing eine funkelnagelneue weiße Heizzentrale mit 300 Kilowatt Leistung. Wolfgang hatte sie gerade noch rechtzeitig bei strömendem Regen zusammengeschraubt. Sie sah richtig gut aus. Denn mittlerweile waren unsere Heizmobile nicht mehr feuerwehrrot mit weißem Namensschriftzug, sondern die zweite Generation der Mobile war weiß mit einem neuen zweifarbigen Firmenschriftzug, wie ihn große Firmen hatten. Außerdem waren Elemente wie Wärme und Wasser in verschiedenen Farben dargestellt. Wir wollten uns schnell verbessern. Ab diesem Zeitpunkt übernahm Wolfgang die Herstellung der Anlagen und Wolfgang baut Dinge so, dass sie aus praktischer Sicht einfach perfekt sind. Das äußere Erscheinungsbild der Mobile überließ Wolfgang noch uns, denn mit Werbung und unnötigem Geldausgeben, was aus seiner Sicht Marketing darstellt, tut sich Wolfgang extrem schwer.

Andreas hört auf, aus seinem Büchlein vorzulesen. Er blättert vor und zurück und sagt kein Wort. »Was ist los? «, will ich wissen. »Ich glaube, ich habe ein Problem. Es ist aus. Ich hatte die Geschichte damals scheinbar nicht zu Ende geschrieben, tut mir leid«, antwortet Andi. Im gleichen Moment schaltet sich Red Adair Helmut ein. »Kein Problem, alles im Kopf. Ich erzähle die Geschichte fertig.« Abwechselnd erzählen die beiden mir die Portugal-Geschichte zu Ende, ich genieße weiterhin den grandiosen Ausblick auf der Plattform des Augsburger Perlachturms. Das Vorspiel des Sonnenuntergangs beginnt langsam. Ein tolles Farbenspiel. Was mir beim Zuhören ziemlich schnell klar wird, die Reise war alles andere als ein entspannter Urlaubstrip.

Helmut und Andi fuhren also an einem Mittwochabend nach einem normalen Arbeitstag los. Die erste Hürde war: Porto spätestens Freitagfrüh zu erreichen. Die Nacht kam ihnen extrem dunkel vor und obendrein regnete es in Strömen, als sie schon Stunden eine Landstraße mitten in Frankreich entlangschlichen. Entgegen kamen ihnen nur noch riesige 40-Tonner-Lkw, während die Tankuhr anzeigte, dass sich das Benzin wieder einmal dem Ende zuneigte. Diese Gesamtumstände und der Gedanke, auf dieser Straße stehen zu bleiben, bereitete den zwei Kissingern anscheinend doch etwas Kopfzerbrechen. Diesmal drehten sie sogar um und fuhren etwa fünfzehn Kilometer auf dieser unheimlichen Landstraße zurück, obwohl die Uhr gegen sie lief. Dort hatten sie eine

Tankstelle gesehen, die zwar noch geschlossen hatte – was aber um 3 Uhr morgens durchaus normal sein kann. Lieber wollten sie ein paar Stunden warten, bis die Tankstelle wieder öffnete, als irgendwo in der Pampa stehen zu bleiben und so die erste Hürde komplett zu gefährden.

Manchmal ist ein Schritt zurück scheinbar auch nicht verkehrt. Trotz aller Schwierigkeiten kamen Andreas und Helmut mit ihrem Heizmobil pünktlich Freitagfrüh um 6 Uhr in Porto an. Beide steuerten sofort den Einsatzort an. Um diese Uhrzeit waren noch keine Handwerker auf der Baustelle. Nach der Erstbesichtigung fuhren sie in das nächstgelegene Café mit Blick auf den Atlantik. Für Helmut fühlte es sich an, als wäre er an diesem Tag tatsächlich Red Adair persönlich. Andi, in dem Fall der sachlichere Typ, war einfach nur froh, den Kunden bedienen zu können. Im Endeffekt eigentlich das Gleiche. Ab 9 Uhr begannen die beiden mit dem Aufbau der mobilen Heizung, um das Wasser auf die gewünschte Temperatur zu bringen. Gar nicht so einfach bei einer halben Million Liter. Das ist etwas größer als das Planschbecken im heimischen Vorgarten. Doch wer sich Spezialist für mobile Wärme schimpft, der muss auch damit klarkommen.

Nach rund 3 Stunden Arbeit waren der Wärmetauscher und die Heizzentrale installiert, das Wasser zirkulierte und wurde von Stunde zu Stunde wärmer.

Schwieriger als das Anschließen der mitgebrachten Gerätschaften war wieder einmal die Verständigung mit den Menschen. Die Arbeiter vor Ort kamen aus allen Herren Länder außer aus Deutschland. Sprachliche Barrieren überwunden Andi und Helmut mit Humor. Sie versuchten sich sogar ein wenig in Portugiesisch. Bis heute sagen sie »obrigado«, wenn sie etwas super finden. Das Wort haben sie am SEA LIFE-Becken von den portugiesischen Arbeitern gelernt. Dass »obrigado« eigentlich nicht »super«, sondern »danke« heißt, wissen sie vermutlich bis heute nicht. Das macht aber nichts – es ist einfach obrigado so.

Es war später Nachmittag – Andreas und Helmut fuhren gerade im Touristenbus durch Porto – als Andis Handy klingelte. Rufumleitung Büro war auf dem Display zu lesen. Andi ging ran, an der anderen Leitung ein aufgelöster Heizungsbauer aus dem fernen Deutschland. Er brauche unbedingt eine mobile Heizzentrale, weil die Heizung in einer Wohnanlage ausgefallen ist. Trotz der Euphorie über den portugiesischen Großauftrag wollten die Jungunternehmer die heimische Kundschaft keinesfalls im Stich lassen. Doch was tun? Simone Eppeneder, die einzige Angestellte im Innendienst von mobiheat zu dem Zeitpunkt, war am Freitagnachmitttag schon im wohlverdienten Feierabend. Andi rief sie am Handy an. Schließlich verband die beiden eine jahrelange Zusammenarbeit. Bevor Simone zu mobiheat kam, war sie Auszubildende bei Buderus – eingestellt vom damaligen Innendienstleiter Andreas Lutzenberger.

Simone leitete alle Schritte in die Wege, Wolfgang lieferte den Anhänger noch am gleichen Abend aus. Es flutschte. Zwei der vier mobiheat-Mitarbeiter machten die Aufträge in Deutschland klar, während die anderen beiden sich durch Portugal kämpften. Nach dem gelungenen Aufbau und einer Nacht im portugiesischen Luxushotel kam der große Schock am Samstagmorgen. Die beiden Kissinger fuhren extra schon um 6 Uhr morgens zum Wasserbecken, um zu sehen, ob alles in Ordnung war, bevor die ersten Arbeiter auf die Großbaustelle kommen.

Doch nichts war in Ordnung. Bereits am Eingang des SEA LIFE kamen ihnen Wassermassen entgegen. Das Wasser floss in Bächen über die Treppe, die zum beheizten Becken führt. Auch aus Öffnungen in der Wand sprudelte das Nass wie aus den Niagarafällen. Tausend Gedanken schossen Andi und Helmut bei diesem Anblick durch den Kopf. Ihnen war klar, ein Schlauch des Wärmetauschers hat sich gelöst und durch die Sogwirkung liefen nun 500.000 Liter Wasser durch das Gebäude. Kurz überlegten beide für sich, schnellstmöglich ihr Zeug zusammenzupacken, um das Weite zu suchen. 2461 Kilometer Flucht in östliche Richtung wäre der einfachste Weg gewesen. Doch nicht der Weg von Helmut und Andreas. Man muss sich seinen Herausforderungen stellen – so sind

Kissinger. Zumindest sagen Kissinger, dass Kissinger so sind.

Also erklommen sie Stufe für Stufe die vor ihnen liegende Treppe. Das Wasser, das ihnen entgegenschoss, wurde nicht weniger. Logisch, 500.000 Liter laufen nicht innerhalb von ein paar Minuten aus. Als sie die Plattform, auf der das große Becken stand, erreicht hatten, fiel der Blick von Andreas und Helmut sofort auf das Becken und den Wärmetauscher. Kein geplatzter Schlauch, kein halbleeres Becken, alles sah aus wie am Tag zuvor. Langsam kehrte wieder Farbe in ihre Gesichter zurück. Ein endgültiges Gefühl der Erleichterung durchströmte ihre Körper, als sich herausstellte, dass ein Auffangbecken, das neben dem beheizten Becken stand, entleert wurde. Und da Portugiesen gelegentlich Dinge etwas gelassener regeln als der verantwortungsvolle Deutsche an sich, wird das Wasser in so einem Fall nicht aufwendig abgepumpt und sauber abgeleitet, sondern einfach sprichwörtlich der Stöpsel gezogen. Über einen Schlauch ließen die Portugiesen das Wasser des Nebenbeckens einfach über die Treppen hinablaufen.

Montagfrüh war Tag der Abnahme. 28° Grad durchgängig waren gefordert. Das erste Mal sahen Helmut und Andi die Dame von der Merlin Entertainments Group. Sie hatte ihnen den Auftrag erteilt und nun nahm sie persönlich das Ergebnis ab. Gemessen wurde die Wassertemperatur an allen Stellen des

Beckens: oben und unten – alles »obrigado«: Überall wurde die gewünschte Temperatur erreicht. Die Dame gab ihr Ok und überreichte Andi und Helmut eine Bestätigung und teilte ihnen nebenbei mit, dass das Geld heute noch überwiesen wird. Sie sollten ihr nur noch die Rechnung per Mail zukommen lassen, was Andreas sofort veranlasste, indem er wieder Simone in Deutschland anrief.

Die Heimfahrt montagvormittags begann mit einem guten Gefühl im Bauch der beiden, allerdings mit einer schweren Last im Gepäck. Der Heizöltank des Heizmobils war randvoll. Die Portugiesen brachten es einfach nicht fertig, das restliche Heizöl abzupumpen. Helmut hat in solchen Situationen keine Geduld. Sobald Leute stümperhaft vorgehen, wie er selbst gerne sagt, macht Helmut kurzen Prozess. Die beiden fuhren einfach los, mit 1000 Liter Heizöl im Gepäck.

Zu einem kleinen, aber im Nachhinein bedeutungsvollen Zwischenfall kam es dann auf der Autobahn. Fast schon zu Hause angekommen, Höhe Karlsruhe, sahen Helmut und Andreas ein Gefährt vor ihnen fahren, das ihrem eigenen Gespann optisch sehr ähnelte. Es waren die Jungs vom Wettbewerber Hotmobil. Zum damaligen Zeitpunkt war Hotmobil der bekannteste und größte Anbieter für mobile Wärme. Obwohl im mobiheat-Heizmobil knapp eine Tonne Öl schwappte, beschlossen Andreas und

Helmut, das Hotmobil-Gespann zu überholen. Quasi als eine Art symbolischen Akt: jetzt auf der Autobahn – später in der Unternehmensgröße.* Helmut schaltete einen Gang zurück, trat auf's Gas, bis der Mitstreiter gleich auf, dann schließlich nur noch klein im Rückspiegel zu sehen war. Es fühlte sich gut an. Auf der Autobahn hat es jetzt schon mal geklappt. Das sorgte für ein bombastisches Gefühl am Ende einer emotionalen Reise.

Übrigens, die Kalkulation um den Spaß-Trip ging auf: Neben den Kosten für das 5-Sterne-Hotel sprang sogar noch ein Fußball-Spiel heraus. Der Portier des Hotels besorgte Andreas und Helmut VIP-Karten für das portugiesische Erstliga-Spitzenspiel SC Braga gegen Benfica Lissabon.

**Ziel wurde 2015 erreicht*

Danke Simone!

Simone Eppeneder ist sozusagen die Frau der ersten Stunde. Nach ihrer Lehre zur Kauffrau für Groß- und Außenhandel war sie die erste Angestellte. Im Laufe der Jahre gab es kaum einen Job bei mobiheat, den Simone noch nicht gemacht hat. Von Telefonzentrale über Lohnvorbereitung bis hin zum Auftrags- und Angebotswesen - Simone kennt alles. Diese Vielfalt kann wahrscheinlich nur eine Kissingerin bewältigen.

Danke Arthur, danke Erci!

Seit Gut Lindenau dabei: Arthur und Erci waren maßgeblich an der Entwicklung der Produktion und des Services beteiligt. Man kann sich Tag und Nacht auf sie verlassen - das ist keine Selbstverständlichkeit.

Gegenseitiges Messen

Augsburg, Freitag, 20:49 Uhr

Langsam wird es dämmrig auf dem Perlachturm und beim Blick auf die Stadt fällt auf, dass immer mehr Lichter angehen. Während ich mir denke, das sieht fast ein wenig wie ein Sternenhimmel aus – nur eben unten und nicht oben, sieht Helmut die fortgeschrittene Tageszeit dezent unromantischer. »Ich hab' Hunger«, lautet sein Fazit zum Sonnenuntergang. Also gehen wir die 258 Stufen wieder in umgekehrter Richtung. Diesmal sind wir alle drei zusammen. Der Hunger, kombiniert mit der Tatsache, dass es jetzt quasi bergab geht, lässt uns die Treppen fast schon leichtfüßig bewältigen. Helmut schlägt vor, in die Bosna-Stube zu gehen. Zwar schmerzen seine Knie etwas, als wir unten angekommen sind, aber die Aussicht auf Nahrhaftes in unmittelbarer Zukunft lässt diese Schmerzen vergessen. »Oh ja, Bosna ist gut«, sagt Andreas. »In Augsburg gibt es übrigens die älteste Bosna-Stube«, fährt er fort. Beide sprechen so selbstverständlich über diesen Bosna-Imbiss, als gäbe es sowas an jeder Ecke. Ich traue mich deshalb kaum zu fragen, was denn das überhaupt ist. Frage dann aber doch. Das ist halt so eine besondere Wurst im Brot, bekomme ich zur Antwort. Gut, denke ich mir, dann essen wir eben besondere Wurst im Brot.

Als wir nur wenige Minuten später in dem kleinen Imbiss mitten in Augsburg stehen, fühle ich mich um Jahrzehnte zurückversetzt. Der Raum ist winzig klein. Ein Stehtisch, eine Theke und eine Frau hinter der Theke. Andi und Helmut war tatsächlich nicht bewusst, dass es solche Bosna-Stuben nicht in jeder Stadt gibt. Die Frau hinter der Theke heißt Danuta Twardoch. Auf unsere Nachfrage erzählt sie uns die ganze Geschichte der Augsburger Bosna-Stube. Tatsächlich gibt es diese Imbisse in Deutschland hauptsächlich in Traunstein und eben in Augsburg. Die Bosna ist eine gewürzte Bratwurst, die in einem aufgeschnittenen Weißbrot angeboten und mit Senf und Zwiebeln serviert wird. Sie hat Ähnlichkeit mit einem Hot Dog, ist jedoch würziger und schärfer. Die Herkunft der Bosna, so erzählt uns Frau Twardoch, ist vermutlich in Salzburg zu suchen. Dort kreierte der aus Bulgarien stammende Zanko Todoroff seine Spezialität aus einem aufgeschnittenen Weißbrotwecken, zwei Schweinsbratwürsten, klein geschnittener Zwiebel, Petersilie und einer geheimen Gewürzmischung, alles zur Hälfte umwickelt mit weißem Papier.

ZEITUNG

AUGSBURG

DIENSTAG, 14. MÄRZ 2016

Bosna-Stube: Seit 50 Jahren die schärfste Wurst in Augsburg

Die Bosna-Stube in der Altstadt feiert ihr 50-jähriges Bestehen. Bekannt ist der Imbiss vor allem durch den "Super-Jaguar", an dem schon der ein oder andere gescheitert ist.

Wenn Männer zu weinen anfangen, dann gibt es in der Bosna-Stube nur einen Grund dafür: den Super-Jaguar, eine Bratwurst in einer längs aufgeschnittenen Semmel mit Zwiebeln und einer sehr scharfen Gewürzmischung. Wer es nicht ganz so scharf mag, kann auch auf den Jaguar oder die Bosna umsteigen.

Der kleine Imbiss sieht fast genauso aus wie bei der Eröffnung vor 50 Jahren. „Die Zeit hier drin ist einfach stehen geblieben", sagt Mitarbeiterin Danuta Twardoch, die seit 17 Jahren hier arbeitet. „Weder an der Einrichtung noch an der Rezeptur für unsere Bosna hat sich etwas geändert." Die 61-Jährige ist die gute Seele der Bosna-Stube. Sie kennt ihre Kunden und hat immer einen witzigen Spruch auf Lager. Doch wer ihr das Rezept entlocken will, stößt auf Schweigen. Denn bei der Gewürzmischung handelt es sich um ein Geheimrezept.

Das Originalrezept der Bosna stammt aus Bulgarien

Aber von Beginn an: Am 28. März 1966 eröffnete ein Bulgare das unscheinbare Lokal in der Augsburger Altstadt. Er brachte das Originalrezept der Bosna aus seinem Heimatland mit nach Augsburg. Zu seiner Zeit fand auch der einzige Umbau des Lokals statt. „Die ...

Abdruck mit freundlicher Genehmigung der Augsburger Allgemeine

Helmut und Andreas diskutieren, wie lange es diesen Laden schon gibt. Andreas sagt, bestimmt 50 Jahre. Das habe er mal gehört. Helmut reagiert so, wie er das meistens tut, wenn Andreas etwas behauptet. Mit einem verneinenden Kopfschütteln und dem Wort: Schmarrn. Und schon sind die beiden wieder mitten in einer ihrer »Wer-hat-denn-nun-Recht«-Diskussionen. In dem Fall ist Andi derjenige, der als Sieger hervorgeht. Danuta Twardoch klärte die Sache, in dem sie erzählte, dass die Stube 2016 ihr 50-jähriges Bestehen feierte. »Da war sogar das Bayerische Fernsehen da«, erzählt sie stolz.

Helmut muss sich als Verlierer geschlagen geben, was er aber nicht weiter als schlimm empfindet, weil er eh weiß, dass die nächste »Challenge« nicht lange auf sich warten lässt. Dieses gegenseitige Messen haben Andreas und Helmut nämlich schon immer. Sie haben ihren Spaß daran, sich gegenseitig immer wieder Wettbewerbe zu liefern. Gut erinnere ich mich noch an eine gemeinsame Zugfahrt mit den beiden. Wir saßen 6 Stunden im Bordrestaurant eines ICE, weil wir keine Sitzplatzkarten hatten. Eigentlich gab es hier keinerlei Grundlagen für einen dieser Helmut-Andreas-Wettbewerbe. Eigentlich. Doch plötzlich haben sie begonnen, aus den Speisekarten, die als Tablettunterlagen dienten, Papierflieger zu basteln, um dann zu testen, welcher am besten durch den Wagon segelte. Dieser Punkt ging an Helmut, er hatte nämlich »spezielle Höhenruder« gefaltet.

Dieser fast schon kindliche Blödsinn, den sich die beiden erhalten haben, ist zum einen immer ein Spaß, hat ihnen aber auch als Firmengründer oft weitergeholfen. Dadurch war es einfach möglich, harte arbeitsreiche Tage etwas müheloser erscheinen zu lassen. Gerade rückblickend erinnert man sich lieber an den Spaß, das Lachen und die Freude und weniger an die »normalen« Arbeitstage. Positive Erinnerungen treiben einen wie eine Welle voran. Sie geben Auftrieb und Kraft.

Helmut bestellt drei Gläser Cola bei Frau Twardoch. Und Andreas blättert wieder einmal in seinem Büchlein. Wie es aussieht, sucht er nach einem bestimmten Eintrag. »Ah, da ist er!«, schreit er auf, als hätte er Jochen Behle beim 15-km-Skilanglaufs bei den Olympischen Spielen in Lake Placid entdeckt. »Helmut, hier habe ich einen Eintrag über deinen legendären 100-Meter-Lauf. Kannst dich noch erinnern?«

Notizbuch

London Olympics 2012

Donnerstag, 09. August. Draußen vor dem Hotel Radisson Blue am Dammtor in Hamburg, Helmuts unglaublicher 100-Meter-Sprint. Wir saßen in der Hotelbar, aßen Burger und tranken ein paar Bierchen. Draußen war es schon stockfinster. Nebenbei sahen wir die Olympischen Leichtathletikspiele. Heutzutage werden ja in Hotelbars solche Sportveranstaltungen nebenbei gezeigt. Es stand der 200-Meter-Sprint der Männer an. Usain Bolt, der schnellste Mann der Welt, stand am Start. Auf die Plätze – fertig – los. Unglaubliche 19,32 Sekunden zum Sieg. »Usain Bolt, wer sonst«, hörte man aus dem TV. Helmut hörte in diesem Moment wahrscheinlich: »Helmut aus Kissing, wer sonst.« Der legendäre 100-Meter-Sprint war in Helmuts Gedanken geboren. Bei dieser Reise waren auch Wolfgang und Roland dabei. Natürlich auch Georg, unser Hamburger. Geschäftlich hatten wir uns untertags mit möglichen mobiheat-Servicepartnern und Vertriebspartnern getroffen. Aktuell beschäftigte uns die große Frage, wie wir in Zukunft unseren Vertrieb im Außendienst aufbauen sollten. Auf Dauer, und das war uns klar, konnte es so nicht weitergehen, wie es bis 2012 lief. Georg, Helmut und ich reisten durch die ganze DACH-Region* und versuchten, unsere Duftmarke abzusetzen.

Roland war zwar erst seit Februar 2012 bei uns und hatte von unserer Branche keine Ahnung, konnte aber unsere andauernden, mitleiderregenden Gespräche über die zukünftige Vertriebsbearbeitung wohl nicht mehr hören. Er gab uns einen Tipp: Wir sollten über Handelsvertretungen nachdenken. Zu seiner früheren Geschäftswelt, dem Vetrieb von Werkzeug, hatte Roland noch den ein oder anderen Kontakt. So kam es, dass wir uns während dieses Businesstrips in Hamburg mit einer Handelsvertretung trafen. Die Handelsvertretung bestand aus zwei Brüdern - die Kluckhuhn-Brüder. Mit ihnen unterhielten wir uns über eine mögliche gemeinsame Zukunft. Wir aßen, tranken und hatten zusammen einen lustigen Abend nach einem

*DACH = Deutschland(D), Österreich(A), Schweiz(CH)

Größe zeigen heißt, sich gegenseitig messen, egal ob in sportlichen oder anderweitigen Wettkämpfen.

1128
8198
M-net
swa

1132
1133
M-net
swa

mobiheat
VOLVO
450
FDB MH 10

arbeitsreichen Tag.

Und dann kam Helmuts Aufforderung – genau um 23.17 Uhr. Wer tritt gegen ihn in der 100-Meter-Disziplin an? »Wo?« und »Wann?«. Das sind normalerweise unsere Antworten auf solche Herausforderungen. Aber an diesem Abend war ein Start mit Gewinnchancen nicht mehr möglich. Zu viele Burger und zu viel Bier hatten wir schon im Magen. Das hatten wir uns auch verdient. Schließlich arbeiteten wir an unserem zukünftigen Vertrieb. Wir führten intensive Gespräche mit den Kluckhuhn-Brüdern. Und da wir schon mal alle zusammen unterwegs waren, genossen wir ein bisschen mehr als an anderen Abenden. Deshalb konnte auch keiner mehr gegen Helmut antreten. Unsere Voraussetzungen für einen Sieg waren nicht mehr gegeben. Burger und Bier waren schlecht für die Vorbereitung eines ernsthaften 100-Meter-Sprints. Eine Lösung musste her. Weil wir selbst nicht mehr konnten, überzeugten wir einen fremden Gast aus der Bar, dass er gegen Helmut antreten und uns ersetzen sollte. Und er trat an. Im Überzeugen sind wir nicht die

Schlechtesten. Aufstehen, raus und los. Roland gab das Startsignal, wie zuvor in der Olympiaübertragung: Auf die Plätze - fertig - los. Auf den ersten 30 Metern war Helmut gleich auf, für sein Alter und Gewicht sehr beeindruckend. Er war sogar eine Nasenspitze voraus. Doch plötzlich: Ein Schrei, lautes Gejaule, gut 100 Kilo kamen humpelnd zum Stoppen. Der junge Kerl aus der Bar rannte alleine durch die von Roland und Wolfgang simulierte Ziellinie. Helmut konnte nur noch humpeln, aber für sich selbst war er der Sieger. Entscheidend waren für ihn nur die ersten Meter, denn ohne seine Verletzung sah er sich als Erster im Ziel. Verletzungen werden bei uns normalerweise nicht thematisiert, wir sind ja Kissinger, aber für die Nachwelt: Es handelte sich um einen Muskelfaserriss. Der junge Kerl, den wir ausgesucht hatten, hatte zwar gewonnen, aber im Grunde hielten wir (Wolfgang, Roland und ich) Helmut ebenfalls für den Sieger.

Gesagt wird sowas natürlich nicht - trotzdem sind wir uns als Gruppe extrem nah. Das spürt man in solchen Momenten. Unsere gemeinsame WhatsApp-Gruppe haben wir »Die Kissinger« genannt. Zusammenhalt ist für uns nicht nur ein Wort. Am nächsten Morgen hatten wir mit Georg einen Termin beim Energieversorger Vattenfall, danach ging's mit dem Auto gemeinsam wieder zurück in den Süden nach Hause. 2 Tage Nordtour lagen hinter uns. Wolfgang kümmerte sich nun um unseren ersten Servicepartner im Norden, Roland organisierte das Treffen mit den Kluckhuhn-Brüdern, ein paar Vertriebstermine mit Georg und allgemein hat es einen riesigen Spaß gemacht, trotz Muskelfaserriss bei Helmut. Die Kluckhuhn-Brüder wurden zwar nicht unsere mobiheat-Handelsvertreter, die Branche der Brüder passte nicht. Aber die Idee, den Vertrieb über Handelsvertreter aufzubauen, war geboren. Georg legte los und ließ seine Kontakte spielen. 10 Monate später, im Sommer 2013, hatten wir unser Handelsvertreter-Netz zusammen. 14 Büros an der Zahl. Das persönliche mobiheat-Gesicht für die einzelnen Regionen wurde als Idee in Hamburg am Dammtor geboren.

Helmut hat jetzt einen Gesichtsausdruck wie ein kleiner stolzer Junge. Dann erzählt er die Geschichte seines 100-Meter-Laufs noch einmal 1:1 nach. Das macht er hin und wieder: Geschichten, die über ihn erzählt werden, zu wiederholen. Weshalb er das macht, weiß ich nicht – ist aber irgendwie witzig. »Das war ein Bluterguss, mein kompletter Oberschenkel war blau«, sagt er. »Aber die Hamburg-Tour mit den Jungs war trotzdem klasse.«

Kurz bevor wir die Bosna-Stube verlassen, bezahlen wir – besser gesagt, ICH bezahle. Frau Twardoch nimmt nämlich nur Bares an. Sie wünscht uns einen schönen Abend und ich frage mich, wie es wohl jetzt weitergeht. Langsam habe ich das Gefühl, meine Abendgestaltung nicht mehr selbst in den Händen zu haben.

Welser

Die Verlockung Mailand

Augsburg, Freitag, 21:56 Uhr

Mittlerweile sind wir auf dem Rückweg von der mir bis dato unbekannten Bosna-Stube und ich freue mich, eine Allgemeinwissenslücke gefüllt zu haben, mit der ich vielleicht zu einem späteren Zeitpunkt mal punkten kann. Da ich bereits erwähnt habe, dass ich nicht der größte Augsburg-Fan war bisher, bin ich auch geografisch nicht besonders auf der Höhe, was diese Stadt angeht. Aber dass der Weg, den wir gerade gehen, nicht der zu unseren Autos ist, merke sogar ich. Vorsichtig frage ich nach, ob wir uns nicht gerade ein wenig verlaufen. Helmut grinst und sagt, dass er schon auf dem Perlachturm mit Andi beschlossen habe, dass wir noch einen Absacker trinken. Sie hätten an ein Glas guten Rotwein im Hotel Drei Mohren gedacht. Hm, Rotwein? Eigentlich bin ich niemand, der ein Glas guten Rotwein ablehnt. Aber ich bin ja mit dem Auto in Augsburg und hab bereits mittags Wein getrunken, einen Caipirinha am improvisierten

Strand und diesen Schnaps auf dem Perlachturm. Ob ich noch fahren darf, weiß ich nicht. Was ich aber sicher weiß, wenn ich jetzt auch noch Rotwein trinke, ist mein Führerschein in Gefahr.

Während ich mir noch Gedanken mache, ob es unhöflich ist, diesen Absacker abzulehnen, präsentiert Helmut die Lösung. Da ist er wieder, der Problemlöser. »Heute muss keiner mehr fahren, wir haben Zimmer gebucht im Drei Mohren«, sagt er. Jetzt wird mir auch klar, was es mit dem Telefonat auf dem Perlachturm auf sich hatte, bei dem Helmut irgendwas von »….ja, mit Frühstück« in sein iPhone nuschelte. Hab ich das jetzt richtig verstanden? Wir bleiben tatsächlich die ganze Nacht in Augsburg, nur, damit wir noch ein Glas Wein trinken können? Sieht wohl ganz danach aus. Und dann stehen wir auch schon vor besagtem Hotel. Ein imposantes, älteres Gebäude, auf dem ich über dem Eingang lese: »STEIGENBERGER DREI MOHREN«. An der Außenfassade sind drei Büsten angebracht. Sie zeigen drei Herren, die mit Ketten behängt sind und Kopfschmuck tragen. Da fällt mir ein, über diese drei Knaben habe ich schon mal was gehört. Ich kann nicht mehr genau sagen, wer es mir erzählt hat, aber wenn ich mich recht erinnere, sind das die drei Mohren, die dem Luxushotel seinen Namen gaben. Laut einer Legende sollen die ersten Übernachtungsgäste vor rund 500 Jahren drei afrikanische Mönche gewesen sein.

Wie einst unsere dunkelhäutigen Vorreiter, betreten auch wir drei die Nobel-Herberge, die, wie ich aus dem Augenwinkel noch erkennen kann, 4 Sterne vorzuweisen hat. Andreas und Helmut werden persönlich begrüßt, als hätten wir gerade Willi Kügles Fahrradladen in Kissing betreten. »Seid ihr hier Stammgäste, oder wieso kennt man euch?«, frage ich die beiden. Andreas antwortet nicht auf die Frage, sondern sagt: »Komm mit, ich zeig dir was.« Er führt mich durch einen Gang, in dem riesige Kronleuchter hängen. Wir biegen links in einen kleineren Gang und stehen dann vor den Türen verschiedener Seminarräume. Andi deutet auf das Schild vor einem dieser Räume. »Welser« steht da. Andi erzählt mir, dass in diesem Raum wichtige Verhandlungen geführt wurden. Bestimmt 10 Mal seien sie hier gewesen, um die Zukunft von mobiheat in trockene Tücher zu bringen. »Du meinst den Deal mit der EVO«, frage ich neugierig nach. »Unter anderem«, antwortet Andreas, »aber das erzähl ich dir ein andermal genau«. Ich frage nicht weiter nach. Wir gehen zurück Richtung Rezeption, wo Helmut bereits vor der Hotelbar steht und wartet. Nur 5 Minuten später sitzen wir in einer gemütlichen Sitzecke der Bar und halten bauchige Gläser mit bestem Amarone gefüllt in unseren Händen. Wir unterhalten uns und ich bin immer noch dabei, den Gedanken zu verarbeiten, dass ich nur 60 Kilometer von meinem Zuhause in einem 4-Sterne-Hotel übernachten werde. Die Bar ist zu dem Zeitpunkt fast leer. Außer uns

Dreien gibt es nur noch eine hübsche Barkeeperin, die uns den Wein bringt und einen einzelnen Gast, der direkt am Fenster sitzt und fast regungslos die Bar anstarrt. Als ich mir gerade denke, was wohl der Grund seines Aufenthalts hier ist, kommt ein weiterer Mann, um die 50, zur Tür herein und geht zielstrebig auf den Gast zu. Der Mann hat einen kleinen Lederkoffer bei sich. Die ganze Szene wirkt ein bisschen wie aus einem schlechten Mafia-Film der 50er Jahre. Und tatsächlich, nach einem kurzen Gespräch der Herren stehen beide auf und verlassen die Bar. Andi kann die Szene nicht beobachten, weil er mit dem Rücken zum Geschehen sitzt. Deshalb sage ich zu Helmut, dass ich das Ganze gerade etwas dubios und filmreif fand. Doch er sagt mir, dass das gar nicht so abwegig sei. Auch ihm und Andi sei eine Geschichte passiert, die Stoff für einen solchen Streifen geliefert hätte.

Notizbuch

Ein Koffer voll Geld

Das Jahr 2012 war nicht einfach, es war von Finanz- und Erfolgsdruck geprägt. Wir sind im Dezember 2011 von Gut Lindenau bei Kissing in das Gewerbegebiet, Marquardtstraße 8, nach Friedberg gezogen. Von einer Gemeinde in eine Stadt. Von einem Gutshof-Büro mit kleiner Halle in eine richtige Gewerbeimmobilie mit 3000 Quadratmetern. Das war vom Optischen her schon ein gigantischer Schritt. Aber mit der monatlichen Miete haben wir für uns einen gewissen Kostenblock fix gemacht, sozusagen in Stein zementiert. Am 1. Februar 2012 startete auch Roland bei mobiheat. Er übernahm die Personalleitung. Roland trägt viel positive Energie in sich. Er hat viele Ideen und möchte schnell vorankommen. Wir stellten fest: Das ist nicht immer billig. Und nebenbei hatte zum damaligen Zeitpunkt unser größter Kunde Lichtblick Probleme mit seinem »ZuhauseKraftwerk« bekommen und brauchte nicht mehr so viele mobile Heizzentralen wie bisher. Das hieß für uns, ein Viertel des Jahresumsatzes brach von heute auf morgen weg. Das war ein herber Schlag. Und das alles Anfang 2012. Im Mai desselben Jahres stand uns dann eine moralische Prüfung ins Haus, in Form einer Verlockung aus Mailand:

Im neuen Gebäude an der Marquardtstraße hatte ich anfangs ein riesiges Büro im ersten Stock. Das war schon ein gutes Gefühl und eine Motivation für die Zukunft obendrein. Anfang 2012 war alles nicht so einfach: Wachstum, Umzug, neue Mitarbeiter und steigende Fixkosten. Alles fühlte sich nach Engpass an. Die Unbeschwertheit der Startup-Jahre war irgendwie einem Erfolgsdruck gewichen. Anfang Juni 2012 erreichte uns plötzlich eine Mail eines italienischen Unternehmens. Der Absender wollte mehrere mobile Heizcontainer für über 10 Hotels in Italien und der Schweiz kaufen. Ich telefonierte sofort mit dem verantwortlichen Herrn, er bekam von uns entsprechende Angebote für die gewünschten Anlagen. Wir sprachen schnell von einem Auftragswert in Höhe von rund 2 Millionen

Euro. Das hätte unseren Umsatzausfall optimal überbrückt und uns den nötigen Spielraum gegeben, um unsere eigentliche Vertriebsstrategie, den Aufbau der Dreistufigkeit und den Vertrieb über Großhändler, weiter voranzutreiben. 2013 wären wir wieder in der Spur gewesen - und zwar ganz ohne dieses Engpassgefühl. Das hörte sich alles nach einem einfachen Plan an. Fast schon etwas zu einfach.

Nach dem Abgeben der Angebote für die Hotelanlagen und die ein oder andere technische Erklärung wurden wir zu einem persönlichen Gespräch nach Mailand eingeladen. Natürlich nahmen wir den Termin wahr. Eigentlich konnte ich gar nicht weg, in dieser Woche kam unsere zweite Tochter auf die Welt. An einem Mittwoch holte ich Margot mit unserer Neugeborenen ab und noch in derselben Nacht ging der Mailand-Trip los. Im Gepäck ein wenig schlechtes Gewissen, hatte ich doch auch schon das halbe Jahr vor dieser Reise sehr wenig Zeit für meine Familie gehabt. Obwohl unsere beiden Töchter gemeinsame Wunschkinder waren, fühlte sich Margot oft alleingelassen. Helmut

oben links
Mann der ersten Stunde in der Niederlassung Göttingen: Ralf Wehr.

mittig
Alter Freund und mobiheat-Hausarchitekt Alex Reitmeier plaudert mit Helmut.

unten
Helmut und Andreas im Businessoutfit

oben rechts
Grillfeier 2015

links
Aus dem Familienalbum: Andreas mit Neffen Manuel (rechts), der heute auch bei mobiheat arbeitet.

unten
Auszeit: Während einer Bombenentschärfung in der Nähe des mobiheat-Geländes gönnten sich (v.l.) Tobias Meisl, Beate Heitmeir, Christian Chymyn und Simone Eppeneder einen Kaffee in sicherer Entfernung.

und ich fuhren um 3 Uhr nachts los Richtung Mailand. Zu dem Zeitpunkt durften wir keine Zeit vertrödeln. Wir sind nun mal der Meinung, solche Touren müssen an einem Tag bewältigt werden. Um 11 Uhr hatten wir den Termin im Bankenviertel von Italien. Das Gebäude war rundherum geschützt von Überwachungskameras und hohen Zäunen. Und irgendwie keine Menschenseele auf dem Grundstück. Wir klingelten. Über eine Sprechanlage wurden wir begrüßt, bevor wir uns vorstellten und den Grund unseres Termins erklärten. Das große mächtige Tor vor uns ging daraufhin langsam auf. Wir fuhren auf das Grundstück und parkten. Außer unserem Audi stand hier nur ein weiteres Auto. Wir gingen rein, und da saß, wie an einer Hotelrezeption, eine Dame. Sie teilte uns mit, in welches Zimmer wir gehen sollten: Zimmer 301 im 3. Stock. Sie gab uns noch zwei Plastikflaschen voll Wasser mit und wir machten uns auf den Weg. Irgendwie spannend, aber wir trugen auch ein mulmiges Gefühl in uns. Doch wir waren zu zweit und zu zweit ist man bekanntlich immer stärker. Wir warteten in einem kleinen Zimmer. Es sah aus wie ein Büro, ein karges Büro, keine Blumen, keine Bilder, nur ein Schreibtisch mit Stuhl, zwei Besucherstühle und ein Telefon auf dem Tisch, das war's. Nicht gerade einladend für ein Business-Gespräch dieser Größenordnung, dachten wir. Wir mussten fast 20 Minuten warten. Dann ging die Tür auf und es stand ein großer Mann vor uns, der einen Aktenkoffer in der rechten Hand hielt. Er begrüßte uns und setzte sich auf den Stuhl hinter dem Schreibtisch. Seinen Aktenkoffer platzierte er vor sich auf dem Schreibtisch. Er erzählte uns von seinen Hotelobjekten in Rom, Florenz, Mailand und einem weiteren Hotel in der Schweiz am Luganer See, direkt an der Ausfahrt der A2 bei Melide. Helmut und ich sahen uns an und wussten sofort, wir denken dasselbe: An dieser Ausfahrt sind wir heute schon vorbeigefahren. Es war klar - so sind wir - ohne dass wir darüber sprachen: Auf dem Rückweg sehen wir uns das an. Der Herr mit dem Koffer erzählte uns von den Objekten und was er investieren wolle. Er erzählte uns, wenn alles gut läuft, wolle er noch mehr Hotels mit unseren Heizcontainern ausstatten. Vertriebsseitig war das für uns natürlich extrem spannend, aber wir warteten. Irgendetwas würde noch folgen, wir spürten das förmlich. Und wir sollten mit diesem Gefühl Recht behalten. Wie in einem drittklassigen Mafia-Film aus den 80ern drehte der Mann den Koffer auf dem Schreibtisch in unsere Richtung. Mit einem lauten Klick öffnete er die beiden Schlösser gleichzeitig und hob langsam den Deckel des Koffers. Im selben Moment sagte er uns, das wäre die Anzahlung in bar, dafür bräuchte er auch keine Rechnung. Vor uns lagen 300.000 Euro. Helmut und ich sahen uns an, sagten aber nichts. Der Deal sollte folgendermaßen ablaufen: Der Mann hinter dem Koffer sagte uns, er bräuchte mehr als zehn große Anlagen. Ein Teil der Bezahlung sollte ohne Rechnung abgewickelt werden. Er erklärte uns, dass es in Italien ab Mitte 2012 eine Gesetzesänderung geben werde, die größere Barzahlungen in Zukunft nicht mehr zulässt. Höhere Beträge dürfe man nur noch per Überweisung bezahlen und deshalb möchte er mit uns das Geschäft so abwickeln. »Wie sieht es aus?«, lautete seine Frage. »Kommen wir ins Geschäft?« Wir antworteten mit unserer typischen Vertriebsantwort und sagten, dass wir sehen, was wir tun können, wir das Ganze prüfen und uns dann kurzfristig melden. Als Vollblut-Vertriebler schlägt man in der Regel nie die Tür komplett zu. Ich glaube, aus diesem Grund spielte sich der Abschluss des Gespräches automatisch so ab, obwohl wir wussten, dass es sich um eine unseriöse Geschichte handelte. Wir verließen das Büro ohne die Wasserflaschen und hofften, dass sich das Tor beim Verlassen des Grundstückes wieder öffnen würde. Es ging Gott sei Dank wieder auf und Helmut gab Gas. Fast hätten wir durch dieses Gespräch vergessen, was uns normalerweise sehr wichtig ist: gemeinsam Mittagessen. Wir fuhren ins Zentrum nach Mailand und aßen italienische Pasta direkt gegenüber des Hauptbahnhofes. Auf dem Rückweg diskutierten wir das Für und Wider des Angebots. Wir kamen aber schnell zu dem Entschluss, dass wir anständige Jungs aus Kissing sind, wo es keine mafiösen Strukturen gibt. Helmut überlegte etwas länger als ich, er hatte zusätzliche finanzielle Defizite in seinem Haustechnikbetrieb, die er mit dem

Geld schnell ausgleichen hätte können. Ein Anruf von Helmuts Lebensgefährtin Annett beendete die Gedanken im selben Moment. Sie bestätigte ihm, dass es der bessere Weg sei, »ordentlich zu bleiben«.

So fuhren wir mit unserer Klarheit zum Nein zufrieden zurück nach Hause. Wir wissen ja, wie man mit Engpässen umgeht. Einfach weitermachen, es wird schon alles kommen, was wir benötigen. Am nächsten Tag im Büro schrieb ich die Mail an den Herrn in Italien. Wir kommen nur ins Geschäft, wenn alles zu 100 Prozent seriös abgewickelt wird, teilte ich ihm mit. Alles andere sei bei uns nicht möglich. Das war´s, danach hörten wir nie wieder etwas von diesem Herrn. Beim Zurückfahren sind wir noch an der besagten Ausfahrt bei Melide in der Schweiz abgefahren. Das Hotel, von dem der Mann sprach, gab es wirklich. Jedoch war es kein normales Hotel - eher ein Stundenhotel im Schein von roten Laternen. Zumindest farblich hätten unsere Heizcontainer gut gepasst.

Die zweite Jahreshälfte lief

geschäftlich dann sehr gut. Wir konnten unseren Umsatzeinbruch, der durch den Wegfall der Lichtblick-Aufträge entstand, mit dem Vertrieb über SHK-Großhändler gut kompensieren. Immer wieder die gleiche Erfahrung: Widersteht man einer Verlockung, läuft es im Anschluss einfach noch besser.

Danke Margot!

Ohne Unterstützung der eigenen Partnerin wäre dieser Unternehmensaufbau nicht möglich gewesen. Oft wäre ein gemütlicher Abend zu zweit oder ein Ausflug mit der Familie um ein Vielfaches angenehmer gewesen als eine Geschäftsreise oder stundenlange Meetings. Der Verzicht, den Andis Frau in diesen Momenten leisten musste, ist die eine Seite der Medaille, viel wichtiger war ihr Verständnis für diese Situationen und ihre Ermutigungen zu den teilweise schwierigen Aufgaben.

Akzeptieren, damit was vorangeht

Augsburg, Samstag, 8:04 Uhr

Ich schneide mit dem Messer die obere Kappe des Frühstückseis ab. Komisch, das mache ich nur in Hotels. Wenn ich zuhause ein Frühstücksei esse, zerschlage ich die Schale oben mit dem Löffel und puhle dann ein Stück von der Schale ab. Keine Ahnung, weshalb ich das in Hotels anders mache. Vielleicht, weil ich mich unbewusst anpassen will – und es erfahrungsgemäß mehr Abschneider als Aufschläger gibt.

Irgendwie kommt mir die ganze Situation immer noch seltsam vor, dass ich gerade in einem Augsburger Hotel beim Frühstücken sitze. Es blieb gestern nicht bei dem einen Glas Rotwein, weshalb die Übernachtung trotz ihrer Skurrilität die richtige Entscheidung war. Helmut, Andreas und ich hatten uns für 8 Uhr zum Frühstücken verabredet. Besser gesagt, Helmut hat beschlossen, dass wir uns um 8 Uhr zum Frühstücken treffen. Helmut beschließt gerne, bevor er lange diskutiert. Weil ich aber mit den beiden mittlerweile schon ein paar Messen besucht habe, weiß ich, dass Helmut die von ihm beschlossenen Frühstückszeiten nur selten einhält. Und tatsächlich ist es auch Andreas, der um die Ecke kommt, als ich gerade eine Tasse Kaffee bei genau der Bedienung bestelle, die uns gestern noch den Rotwein serviert hat. Ob die wohl auch hier geschlafen hat? Andi setzt sich zu mir und fragt mich, ob ich gut geschlafen habe. »Ja, das habe ich«, antworte ich ihm. Wir sind uns schnell einig, dass Helmut – der Frühstückszeitenbeschließer – immer noch gut schläft.

Andreas und ich unterhalten uns über alles, was am Vortag passiert ist, vor allem über das, was ich über mobiheat erfahren habe. Mittlerweile weiß ich, dass ich da auch gar nicht großartig nachfragen muss. Andi erzählt gerne über die Firma und deren Aufbau. Er glaubt, seine wichtigste Aufgabe war und ist das Vermitteln zwischen den verschiedenen Menschen, die mit für den Erfolg des Unternehmens verantwortlich sind. Man müsse akzeptieren, dass jeder anders ist. Dadurch kann jeder Einzelne seine Stärken entfalten. Das sei der Schlüssel für die »Macht der Gruppe«. Wenn Andreas von der »Gruppe« spricht, dann meint er meistens den heutigen Geschäftsführungskreis. Unter diesen Jungs dürfe es kein gegenseitiges Messen geben. Es dürfe keine

Wettbewerbssituation entstehen, nach dem Motto: Ich arbeite mehr Stunden, ich arbeite länger, ich bin weniger zuhause, weil ich größtenteils alle Geschäftsreisen mache. »Ein gegenseitiges Aufwiegen würde jede Gruppe sprengen«, sagt Andreas. Für gegenseitiges Verständnis zu sorgen, sei eine seiner wichtigsten Aufgabe. Er habe durch Gespräche Sachen in die machbare Richtung für die Gruppe gebracht, damit sich ein Helmut Schäffer und ein Wolfgang Sonntag überhaupt verstanden haben. Weil er mit jedem einzelnen eine besondere Zeit verbrachte, habe ihm sein Bauchgefühl gesagt, das klappt mit dieser verrückten Gruppe.

Wir sind mittlerweile beim zweiten Kaffee und von Helmut ist nichts zu sehen. Andreas beginnt zu erzählen. Von seiner »Gruppe«.

»Wolfgang und ich waren es, die den mobiheat-Start operativ abwickelten. Helmut konnte sich zu dem Zeitpunkt noch nicht zu 100 Prozent mit uns um mobiheat kümmern, er war ja noch Chef seines Haustechnikbetriebes. Tobi Meisl kam dann 2011 dazu. Auch er spielt für die Gruppenentwicklung eine entscheidende Rolle. Er ist ein kluger Kopf und erkannte sofort die Fähigkeiten eines jeden einzelnen. Er unterstützte mich, ohne dass ich mich mit ihm darüber ausgetauscht habe. Tobi machte einfach.

Roland, Tobis Bruder und ein langjähriger Freund

von mir, kam 2012 zu mobiheat. Ein Jahr später schaffte es Helmut, sich von seinem Betrieb loszureißen. Er übergab die Schäffer Haustechnik seinem Bruder und einem weiteren Weggefährten – Walter Fichtel. Helmut war ab da auch zu 100 Prozent bei mobiheat. Für Wolfgang ist das Praktische, also die praktische Umsetzung, extrem wichtig. Er ist kein großer Redner, hat aber eine unglaubliche Disziplin. Nicht nur über eine Woche, einen Monat oder ein Jahr. Nein, schon seit Jahren. Morgenstund' hat Gold im Mund, ist Wolfgangs Devise. Er ist bis heute meistens der Erste in der Firma und oft der Letzte, der am Abend geht. Von ihm wird zu 100 Prozent alles abgearbeitet. Alles Praktische muss aber auch über ihn laufen. Von 10 Aufgaben erledigt er 10 nach seinem System. Er kommt am liebsten noch Samstag und Sonntag ins Büro und organisiert den Start der kommenden Woche. Er schafft im Voraus schon die Voraussetzungen, dass alle Arbeiten erledigt werden können. Wolfgang geht aber auch mit dem Kopf durch die Wand. Veränderungen und Weiterentwicklungen sind für Wolfgang im ersten Step nicht so leicht.

Für Helmut und Roland sind Veränderungen kein Problem. Roland geht seine Familie über alles. Er möchte am liebsten alles in einer 30-Stunden-Woche organisiert haben. Stets hat er Verständnis für alle Sorgen der Mitarbeiter. Wir alle sind eigentlich über Outlook gegenseitig ganz gut organisiert. Mails sind allerdings nicht Rolands Sache. Er hat uns aber die Augen geöffnet, dass es außerhalb der mobiheat auch noch ein Leben gibt. Zum Spaß verarscht er mich, wenn es um das normale Leben geht. Mein Leben organisiert laut Roland komplett meine Frau Margot. Roland kann man überall hinschicken und er kann überall mitreden, auch wenn er in der Sache gar nicht drin ist. Eigentlich gemacht für eine politische Laufbahn. Unser zukünftiger Bürgermeister von Friedberg – so nennen wir ihn ab und an. Roland hat oft einen komplett anderen Blick auf Dinge, die mobiheat betreffen, weil er vom Thema Heiztechnik wenig Ahnung hat. Seine Sicht ist aber immer wieder mal hilfreich. Den besten Satz, den es über Roland gibt, lautet: So genau kann man seine Aufgabe nicht beschreiben, aber wir wissen alle, dass er verdammt wichtig ist. Das können auch seine früheren Chefs, Hans Dietmair und Hilde Baader, so bestätigen. Die Firma DIEWE möchte ihn eigentlich unbedingt wieder in ihren Reihen haben, glaube ich. Aber wir geben ihn natürlich nicht mehr her.

Helmut ist offiziell erst 2013 zu mobiheat gekommen. Für mich war er natürlich von Anfang an dabei. Er unternahm mit mir fast alle Geschäftsreisen inklusive der verrückten Reisen. Roland und Wolfgang hatten extreme Bedenken, als sie erfahren haben, dass Helmut ab 2013 komplett mitarbeiten wird. Helmut war als Chef in seinem früheren Betrieb hin und wieder schnell aufbrausend, wenn Dinge nicht so liefen, wie er sich das vorstellte. Diese Art passte natürlich nicht zu mobiheat. Deshalb machten sich Wolfgang und Roland Sorgen, dass es nicht klappen könnte. Helmut hat einen unglaublichen Willen. Durch seine erstmals verneinenden Reaktionen auf manche Vorschläge hebt er quasi immer wieder den Zeigefinger. Er regt damit an, nochmal darüber nachzudenken. So entsteht immer eine positive Weiterentwicklung. Reibung erzeugt Energie, das ist einer von Helmuts Lieblingssätzen. Jeder will es dann natürlich noch besser machen. An Helmut prallt im Grunde alles ab. Dadurch kann man sich an ihm gut aufrichten. Helmut hat so viele Ideen, die förmlich aus ihm heraussprudeln. Ob diese Ideen immer umsetzbar sind, interessiert ihn erstmal nicht. Er kann gut Geschichten aus seinem Leben erzählen. Helmut hasst Formulare, er redet und beschließt soviel wie kein anderer. Ob diese Beschlüsse am nächsten Tag noch so gültig sind, ist eine andere Frage. Nach dem Motto: Was interessiert mich mein Geschwätz von gestern. Ich weiß, dass jeder Opfer für die Entwicklung der mobiheat gebracht hat. Helmut verzichtete aus Zeitgründen auf Hobbys wie das Skifahren und hat für Freunde kaum noch Zeit. Auch Wolfgang musste von einem Hobby loslassen: Fußball war seine große Leidenschaft. Er war viele Jahre Spieler und Trainer in regionalen Mannschaften. Für Roland stand seine Familie immer an Nummer 1. Das tut sie auch heute noch, allerdings mit zeitlichen Abstrichen, weil das rasante Wachstum der mobiheat auch hier seine

Tribute fordert.«

***

Die Uhr zeigt mittlerweile kurz nach 9 Uhr – und siehe da, mit seiner obligatorischen Stunde Frühstücksverspätung biegt auch schon Helmut um die Ecke. Irgendwie ja auch eine Art von Pünktlichkeit. »Und, erzählt er schon wieder Geschichten?«, ruft Helmut gut gelaunt anstelle eines »Guten Morgens« und blickt dabei in Andis Richtung. Scheint so, als kennen sich die beiden tatsächlich sehr gut. »Soll ich dir mal was über ihn erzählen?«, fragt Helmut. Bevor ich überlegen kann, ob ich mit ja oder nein antworten soll, steht Andreas schon auf und sagt: »Da will ich lieber gar nicht dabei sein«, und geht. Ich habe das Gefühl, dass es Andi gar nicht unrecht ist, dass ich etwas über ihn höre.

Helmut setzt sich zu mir an den Tisch. Er stützt sich dabei mit den Händen auf der Stuhllehne ab und lässt sich langsam auf die Sitzfläche sinken, als hätte er den schlimmsten Hexenschuss, den ein Mensch je hatte. »Weißt«, sagt er. »Andi hat drei Lieblingsworte: Umsatz, Umsatz und Umsatz. Andi lebt in ständiger Angst, dass wir zu wenig für den Kunden tun«, erzählt Helmut. Bei jeder Besprechung mit Wolfgang, Roland und ihm erzähle er dasselbe: Jeden Monat, jedes Jahr beginne alles wieder bei Null. Man müsse alles aus Sicht des Kunden betrachten. Umsatz ist nicht alles, aber ohne Umsatz ist alles Nichts. Umsatz bedeutet für ihn, dass man an den Kunden rankommt. EBIT* sei natürlich auf Dauer wichtig, aber ohne Umsatz beziehungsweise Umsatzzuwachs werde es langfristig mit dem EBIT auch schwierig. Helmut erzählt weiter, Andreas habe quasi ständig Angst, dass die Gruppe viel zu wenig für den Umsatz tut. »Menschen zusammenführen und für gegenseitiges Verständnis sorgen, das ist eigentlich Andis Passion«, sagt Helmut abschließend zu mir.

Und, wie abgesprochen, betritt Andreas zum Satzende wieder den Frühstücksraum. Ein bisschen beschleicht mich das Gefühl, diese ganze Situation haben die beiden tatsächlich geplant. Ich weiß es aber nicht. Andreas kommt wieder zu uns an den Tisch. Er erzählt von schwierigen Situationen, die jeder schon in seinem Leben meistern musste. Andreas erwähnt Helmuts Scheidung, Rolands Burnout und Wolfgangs 25-Stunden-Tage. Am Ende sagt er, dass er sehr beeindruckt ist, dass er sich trotz dieser Widrigkeiten auf alle zu 100 Prozent verlassen kann. »Ich glaube, dass jeder der Jungs es auch gerne für mich macht.«

**Gewinn vor Zinsen und Steuern*

MOHREN
BAR · CAFÉ

Im Uhrzeigersinn:
Roland, Wolfgang, Tobi

Danke Wolfgang, danke Roland, danke Tobi!

Verantwortung zu übernehmen ist nicht selbstverständlich. Für einen Firmenaufbau braucht es aber Menschen, die bereit sind, Entscheidungen zu treffen. Wolfgang, Roland und Tobi haben Verantwortung als leitende Personen in der Firma übernommen, obwohl Leiten manchmal viel mit Leiden zu tun hat.

Wenn aus Momenten Glück entsteht

Augsburg, Samstag, 9:42 Uhr

Das Schöne an teuren Hotels ist, dass sich Zahnbürsten und alle weiteren Hygieneartikel, die man zum Start in den Tag benötigt, im Badezimmer befinden. So verlassen wir drei das Hotel fast so sauber, wie wir es am Vortag betreten haben. Als wir die drei Mohrenköpfe an der Fassade hinter uns lassen, treffen mich die ersten Sonnenstrahlen im Gesicht. Es ist schon ziemlich warm für diese Uhrzeit und ich finde Augsburg zum ersten Mal wirklich schön. Ganz ohne Einwand. Jede Stadt hat meiner Meinung nach eine ganz besondere Atmosphäre, wenn sie erwacht. Vor uns liegt wieder die Maximilianstraße. Es gibt sogar vereinzelt noch freie Parkplätze. Die meisten Läden haben geöffnet und es beginnt langsam am Saum der Straße zu wuseln.

In zehn Minuten werde ich an meinem Auto sein und dann freue ich mich, nach diesem ungewöhnlichen Ausflug wieder nach Hause zu fahren. Wir gehen gemeinsam Richtung der beiden Kirchen, über deren Geschichte ich ja nun bestens informiert bin. Als wir am mir ebenfalls bekannten Herkulesbrunnen angekommen sind und ich mir gedanklich den Weg zum Auto zurechtlege, quietscht es plötzlich laut. Es folgt ein dumpfer Schlag – und vor uns prasseln kleine Glassplitter auf die Straße, als hätte es urplötzlich begonnen zu hageln. Bis wir drei realisiert haben, was passiert ist, rennen schon die ersten Menschen zu den parkenden Autos vor dem Hotel, wo wir noch vor wenigen Sekunden die Morgensonne genossen hatten. Wir realisieren langsam, dass soeben ein Auto in einen parkenden Wagen donnerte, genau da, wo wir drei kurz zuvor standen. Aus dem Auto, das von der Straße abkam, steigt kurz darauf ein etwa 70-jähriger Mann aus. Ihm ist scheinbar nichts passiert. Was für ein Glück, denke ich mir und sehe in Andreas' und Helmuts Gesichtern, dass sie dasselbe denken. Warum der Mann von der Straße abkam, wissen wir nicht. Was wir aber wissen, ist, dass wir soeben ein unglaubliches Glück hatten. Beim Gedanken daran, dass wir uns jetzt zwischen zwei Autos befinden könnten, wo nicht mal Platz für ein Notizbüchlein wäre, werden uns die Knie weich und wir setzen uns fast zeitgleich auf die Stufen vor dem Brunnen.

So kann Glück also auch aussehen. Nachdem wir

uns ein wenig erholt haben und sich die Situation vor dem Hotel aufgeklärt hat, fangen wir an, uns weiter über Glück und Glücksmomente zu unterhalten. »Fühlt ihr euch eigentlich verantwortlich für das Glück eurer Mitarbeiter?«, frage ich die beiden spontan und hoffe, dabei auch für mich irgendwie eine positive Antwort zu bekommen. Ich bemerke, dass Andreas und Helmut ernst bleiben. Ich habe das Gefühl, das hat jetzt aber nichts mehr mit dem soeben passierten Unfall zu tun. »Ja, zum Teil sicherlich, aber es ist gar nicht so einfach, andere Menschen glücklich zu machen«, sagt Helmut. »Ich glaube, nicht jeder ist offen dafür, glücklich zu sein«, so Andreas. »Die Frage ist, was Menschen über sich selbst und das Leben denken, was sie als fair empfinden und was nicht.« Ich frage nach, wie er das meint. »Manche Menschen entscheiden sich für Dinge, die ihr eigenes Glück sabotieren. Und innerhalb einer Gruppe sabotieren sie auch das Glück der anderen. Auch das habe ich in den Jahren des mobiheat-Aufbaus erfahren und gelernt«, fährt Andreas fort.

»Und euer eigenes Glück?«, frage ich nach, »Ist das das Unternehmen selbst?« »Die einzelnen Momente rund um das Firmenleben sind es«, sagt Andreas. Er lächelt dabei so, als hätte er sogar eine Glücksmomentegeschichte in seinem Notizbuch stehen. Und dann gibt er mir sein Notizbuch: Mit der Glücksmomentegeschichte.

Notizbuch

Ozzero, April 2014:

5:30 Uhr – Treffpunkt mobiheat, Marquardtstraße in Friedberg. Ich liebe die Stille um diese Zeit. Bei der mobiheat angekommen, brannte bereits Licht in einem der Büros. Wolfgang Sonntag saß da. »Guten Morgen«, sagte er, ganz selbstverständlich, als ob es das Normalste dieser Welt wäre, um diese Uhrzeit schon in seinem Bürostuhl zu sitzen. Außer am Sonntag ist Sonntag eigentlich immer da. Sozusagen ist Wolfgang Sonntag ein Glücksfall für mich, für uns, die gesamte mobiheat. Auch wenn er hin und wieder ein Vulkan ist. Vulkane sind toll, können aber, wenn sie ausbrechen, zerstörerisch sein. Helmut kam natürlich 10 Minuten zu spät. Zusammengerechnet wartete ich in meinem Leben bestimmt schon ein paar Monate auf Helmut. Irgendwie witzig und ein Running Gag für uns alle. Für Wolfgang natürlich ein Riesenspaß. Zu spät kommen. So etwas gibt es in seiner Welt nicht. Da kann sich Roland schon viel besser reindenken und hat vollstes Verständnis. Sein Tag beginnt in der Regel sowieso etwas später, hört dafür früher auf. Um 5:40 Uhr fuhr Helmuts weißer A6 auf den Hof. Ich nahm meinen Koffer und meine Arbeitstasche aus meinem Kofferraum. Ebenfalls ein weißer Audi A6. Exakt das gleiche Modell, eine Tatsache, die bestimmt auch eine gewisse Gemeinsamkeit schafft. Seit ein paar Jahren fahren wir die gleichen Autos. Für mich ist das ganz praktisch. Ich bin kein Autofreak und so bestelle ich einfach das gleiche Fahrzeug wie Helmut und bekomme immer ein Top-Auto, ohne dafür Zeit bei der Auswahl zu verschwenden. Klasse. Ich packte die Sachen in Helmuts Auto. Wir düsten los. Die Sonne ging langsam auf. Der Sonnenaufgang schenkt uns immer wieder Kraft und glückliche Momente. Wie toll es ist, mit dem Sonnenaufgang in den Tag zu starten.

Schweiz und Italien - fantastische Länder, die eher nach Urlaub als nach Arbeit klingen - standen auf dem Programm. Zuerst ging es nach Schaffhausen. Nicht zum Rheinfall, dem größten Wasserfall Europas, sondern zu Marcel und Fabio, Wettbewerbern aus der Schweiz. Sie nannten ihr Unternehmen Mobil in Time. Sie sind das, was wir in Deutschland sind, aber eben in der Schweiz: Marktführer. Und obendrein sind sie die Gründer und ehemaligen Inhaber der Hotmobil in Deutschland. Wenn man so mag, waren sie unsere Vorgänger in Deutschland. Marcel und Fabio verkauften ihr Unternehmen Hotmobil im Jahr 2010 an einen Energieversorger namens Mainova aus Frankfurt. Danach starteten sie ihr neues Unternehmen Mobil in Time in ihrer Schweizer Heimat nahe Schaffhausen. Nach einer Firmenbesichtigung und einem kurzen Fachsimpeln quartierten wir uns im Zentrum von Schaffhausen in einem kleinen charmanten Hotel ein. Marcel hatte das für uns organisiert. Anschließend gingen wir mit den beiden direkt am Rhein etwas essen und trinken. Wir unterhielten uns über ihre Vergangenheit, ihre Erfahrungen, über das Hier und Heute und über eventuelle gemeinsame Aktivitäten. Im Mittelstand ist das eigentlich nicht üblich, sich mit einem Wettbewerber so offen auszutauschen, wie wir es

oben
Bei Geschäftspartnern in Italien: Von links Luca, Andreas, Cinzia, Helmut und Giorgio.

links
Ausblick aus dem Mailänder Hotelzimmer im 17. Stock.

oben
Bei Geschäftspartnern in Kroatien: Von links Helmut, Nina, Vjeran, Andreas, Zeljko und Margot.

unten
Reisen machen müde.

in der Regel tun. Aber uns macht es unglaublich Spaß und es macht unsere Vision - Marktführer in der DACH-Region zu werden - lebendig. Man spürte schon beim Verabschieden, dass wir uns gegenseitig sympathisch sind, aber doch ganz unterschiedlich im Leben stehen. Aufgrund dieser Sympathie versuchten wir für die nächsten Monate sogar gemeinsame Sache - in Form einer Zuliefergesellschaft, zwei-mm hieß sie - zu machen. Aber wir glauben, gerade weil wir an unterschiedlichen Punkten im Leben stehen, hat es schlussendlich nicht geklappt. Aber egal, eine Reise war dieser Besuch auf jeden Fall wert. Der Sonnenaufgang, Essen mit Blick direkt auf den Rhein, nachts noch die letzten Mails checken und dann rein ins gemütliche Bett.

Am nächsten Morgen ging's weiter nach Ozzero bei Mailand. Wir wollten zu unserer mobiheat-Vertretung für Italien. Zu den Rodinis. Die Rodinis, das sind Giorgio, der Senior, ein Profi im Vermietbusiness, Luca, der Sohn, und Cinzia, unsere deutschsprechende Italienverbindung. Sie lebte und arbeitete ein paar Jahre in Berlin. Was für ein Glück für uns. Wir tun uns schon mit Englisch schwer, und eine weitere Sprache zu lernen, war für uns eigentlich gar nicht möglich. Unseren Gehirnen wurde leider nicht mitgegeben, wie man Fremdsprachen einfach in den Kopf bekommt. Bevor wir zu den Rodinis fuhren, checkten wir im Hotel ein - direkt neben dem Mailänder Messegelände. Wir bekamen zwei Zimmer im obersten Stock. Der 17. war das. Beeindruckende Aussicht, dachte ich. Bis zur Weiterfahrt zu den italienischen mobiheat-Leuten hatten wir noch eine gute Stunde Zeit. Also machte ich etwas, was ich schon ein paar Jahre nicht mehr gemacht habe. Statt den Laptop hochzufahren und E-Mails zu bearbeiten, entschied ich mich für eine Ruhepause. Ich kippte das Fenster - aus Sicherheitsgründen konnte man es nicht ganz öffnen - stellte mir den Wecker auf dem iPhone und legte mich auf's Bett und dachte an meine Familie. Dabei lauschte ich den Geräuschen, die von draußen zu hören waren. So einfach kann Glück sein. Eine unglaublich glückliche Stunde für mich.

Der Wecker des iPhones klingelte und ich startete den Nachmittag voller

Energie. Ich ging die 17 Etagen zu Fuß über das Treppenhaus hinunter. Helmut wartete schon auf mich, wir aßen noch eine Kleinigkeit und fuhren dann nach Ozzero zu Giorgio und Luca. Dort angekommen, blickten wir zusammen auf unsere bisherige Geschäftsbeziehung zurück und stellten Erfreuliches fest: mobiheat konnte in Italien vom Start weg innerhalb der vergangenen 6 Monate einen ordentlichen Umsatz vorweisen. Anschließend besprachen wir die Zukunft und den weiteren Ausbau in Italien. Danach ging's weiter zum Abendessen, köstliche Pasta als Vorspeise, Cotoletta Milanese zum Hauptgang und Tiramisu zum Nachtisch. Dazu einen guten Tropfen Rotwein. Ein toller Abend, was will man mehr. Am nächsten Morgen starteten wir mit dem Messebesuch. Am Mailänder Messegelände fand eine der Weltleitmessen für Heizung, Klima und Sanitär statt. Auf der Messe selbst trafen wir dann wieder Fabio von Mobil in Time. Einen Tag zuvor noch gemeinsam in Schaffhausen in der Schweiz, am nächsten Tag trafen wir uns in Mailand. Er kam alleine mit dem Zug und wollte sich auch ein paar Anregungen holen. Das alleine zu tun, ist für uns eigentlich undenkbar. Helmut und ich sind immer froh, solche Trips gemeinsam machen zu können. Zum Abschluss der Reise war das für uns ein optimaler Ausklang, bevor wir wieder gemeinsam nach Hause fuhren. Am Freitag darauf fand unser erster mobiheat-Motivationstag für das Jahr 2014 statt, da wollten wir natürlich unbedingt dabei sein. Pfarrer Matthias aus Indonesien besuchte uns für diesen Tag. Er referierte über die Erfolge unserer Spenden in den vergangenen Jahren. Pfarrer Matthias war der Pfarrer, der Margot und mich getraut hatte. Eine wunderbare Woche mit Happy End. Nicht jede Woche ist mit so vielen Glücksmomenten bestückt. Aber ein Unternehmen kann einem diese Momente schenken.

Die Jahre davor

Augsburg, Samstag, 10:30 Uhr

Nicht nur das Glück, über das wir gerade soviel gesprochen haben, fühlt sich irgendwie gut an, auch durch unsere Beine strömt wieder Blut. Das Glück, unversehrt aus der Unfallsituation gekommen zu sein, muss genutzt werden. Wortlos stehen wir auf und beginnen zu gehen. Ich weiß nicht, ob es die richtige Richtung ist, das ist mir im Moment auch gar nicht so wichtig. Andreas und Helmut gehen voraus, ich laufe einfach hinterher. Während die beiden sich unterhalten, nutze ich die Zeit, um mir die Gegend ein wenig anzusehen. Wir gehen durch eine schmale Gasse, die so ganz anders wirkt als die große Maximilianstraße vor dem Luxushotel. Hier tobt kein großer Verkehr.

Ein Vater zeigt seinem Sprössling das Fahrradfahren. Als der Knirps vier Meter wacklig, aber ohne Hilfe, über das Kopfsteinpflaster eiert, lobt ihn sein Vater, als hätte der Kleine die erste Etappe der Tour de France gewonnen. Als der Junge bemerkt, wie sich sein Vater freut, wird er sicherer auf seinem Miniaturdrahtesel. So einfach kann es sein, denke ich mir. Mit nur ein bisschen Anerkennung kann man so viel bewirken.

Spontan frage ich Helmut und Andreas, wie das bei ihnen war mit Anerkennung in den früheren Jahren vor mobiheat. »Helmut?«, fragt Andreas fast schon provozierend und schiebt die Frage mit einer auffordernden Kopfbewegung weiter. »Freilich«, sagt Helmut. »Mein Vater hat immer gesagt: Nicht g'schimpft ist Lob genug. So bin ich groß geworden. Aber warte, ich weiß was. Ich war ja mit Ende 20 brutal freizeitorientiert und trotzdem wollte mein damaliger Lehrmeister und Chef, Peter Pauly, dass ich seinen Handwerksbetrieb übernehme. Mein Vater redete mit voller Überzeugung auf mich ein. ‚Bua, des muasch macha,' hat er gesagt. Beide setzten auf mich, obwohl ich zu dem Zeitpunkt andere Dinge im Kopf hatte. Und das hatte eher etwas mit Skifahren, Bergsteigen oder Radfahren zu tun.«

Auch Andreas habe die Anerkennung von Helmuts Vater Hubert genossen, wie er erzählt: »Ich war im ersten Lehrjahr bei Richter + Frenzel und Hubert war Chef der Warenannahme. Tor 5 wurde diese Stelle betitelt. Jeder Lehrling musste 2 bis 3 Monate unter Huberts Fittiche und so lernte ich Helmuts Vater schon 1990 kennen. Wir verstanden uns auf Anhieb gut, obwohl er in der Firma als bellender Hund bekannt war. Aber ich erkannte gleich sein großes Herz und außerdem war er früher auch Lkw-Fahrer, wie mein Vater, das verbindet. Wenn ich sauber beisammen war und gut arbeitete, zollte er mir Anerkennung. Ich merkte das, weil er dann nicht bellte. Heute freue ich mich immer wieder unbändig, wenn ich mit ihm tolle Gespräche führen darf. Glücklicherweise arbeitet er heute bei mobiheat und erledigt die Dinge, die nur ein Rentner kann.«

Aha, Gemeinsamkeiten, stelle ich fest. Beide Väter waren Brummi-Fahrer. »Ist es deswegen für euch kein Problem, für mobiheat viel unterwegs zu sein?«

»Richtig«, sagt Andi, »das habe ich wohl von meinem Vater mitbekommen, die Liebe zum Reisen. Damit meine ich keine Urlaubsreisen, sondern das Unterwegssein auf Deutschlands Straßen. Ich habe es geliebt, wenn ich mit meinem Vater auf dessen Bock mitfahren durfte. In den Schulferien war es immer soweit. Um 5 Uhr aufstehen, fertigmachen und los. Wir sind ins Auto eingestiegen und in die Arbeit gefahren. Ein Problem hatte ich dabei immer: Mein Vater öffnete prinzipiell sein Fenster einen Spalt weit, egal ob es draußen Minusgrade hatte oder nicht. Das war irgendwie ein Tick von ihm, aber ein gesunder. Ich kann mich noch gut erinnern, wie kalt es bei jeder Fahrt gewesen ist. Angekommen in der Firma, haben wir Vaters Lkw beladen. Ich durfte die Lieferscheine nach Ablade-Stellen sortieren und los ging es. Ab auf die Straße eben. Ich habe es geliebt, große Firmen anzufahren. Und bei den Rückfahrten - ich kann mich noch gut daran erinnern – hörten wir immer Thomas Gottschalk auf Bayern 3.«

»Du wärst ein guter Politiker« frotzelt Helmut. »Viel geredet, aber die Frage nicht beantwortet.« »Welche Frage?« »Die Frage nach der Anerkennung«. »Übe dich in Geduld, mein junger Freund«, sagt Andreas und beide lachen laut. Das muss wohl wieder einer der Insider-Witze sein, die ich nicht verstehe. Muss ich aber auch nicht. Andreas erzählt von seinem Werkunterricht in der 5. Klasse. »Aufräumen war angesagt. Wir arbeiteten mit Holz und Farbe, der Boden war nach der Stunde total verschmutzt. Ich nahm einen großen Lappen, machte ihn nass und legte den Putzlumpen unten um einen Besen und wischte den Raum, wie man eben einen Raum wischt. Alle waren verwundert, inklusive unseres Lehrers, Herrn Otta. Und ich war verwundert, weil die anderen verwundert waren. Für mich war die Art und Weise zu putzen ganz normal, schließlich war meine Mutter diejenige, die mir das beibrachte oder besser gesagt, bei der ich mir das abschaute. Nicht nur für diese kleine Anekdote bin ich meiner Mutter heute noch sehr dankbar.«

Nach Andreas' Monolog stellt Helmut unaufgefordert ein Fazit zum eben geführten Gespräch auf:

Durch Anerkennung wächst Selbstvertrauen, kleine Anerkennungen bringen die Leute schneller voran. Dadurch entsteht etwas.

Danke Marianne und Josef (Andreas' Eltern)!

Ein Firmenaufbau verlangt einem oft einen starken Willen und viel Durchhaltevermögen ab. Diese beiden Eigenschaften hat Andreas vor allem seiner Mutter zu verdanken. Die schönsten Ferienerlebnisse seinem Vater. Die gemeinsamen Fahrten im Lkw waren Glücksmomente, an die er sich bis heute gerne erinnert.

Danke Hubert, danke Laura (Helmuts Vater und Tochter)!

Nicht nur in Helmuts Kindheit konnte er sich immer auf seinen Vater Hubert verlassen. Er ist ihm auch heute noch Rückhalt in vielen Lebenslagen. Helmuts Tochter Laura musste in ihrer Kindheit oft auf ihren Vater verzichten, weil Helmut beruflich so eingespannt war, dass nicht mal Zeit für Urlaube blieb. Bei gewissen Abschnitten während eines Firmenaufbaus ist ein normales Familienleben kaum möglich.

Im Geist der Welser

Augsburg, Samstag, 11:31 Uhr

Der radelnde Bub begleitet uns schon länger nicht mehr. Im Gespräch über Anerkennung und Wertschätzung habe ich die Orientierung in dem mir eh schon unbekannten Augsburg wohl gänzlich verloren. Andreas und Helmut machen mir auch nicht wirklich den Eindruck, als hätten sie ein bestimmtes Ziel vor Augen. Die Straße, auf der wir uns befinden, ist mittlerweile wieder breiter als das Gässchen mit dem Radfahrbuben. Vor uns liegt eine Art Markt. Menschen schlendern an Ständchen vorbei und es beginnt so zu riechen, wie es eben auf einem Markt riecht. Eine Mischung aus Obst, frischen Blumen und Essen. Etwas spöttisch frage ich meine beiden Begleiter, ob das eine billige Kopie des Münchner Viktualienmarktes sein soll. Das Lachen der normalerweise humorvollen Jungs hält sich in Grenzen. Ok, ich hab's kapiert, keine Witze mehr über Augsburg. Ich muss zugeben, er sieht auch wirklich ganz nett aus, dieser Markt. Ich glaube, ich war hier sogar schon einmal. Bei den wenigen Malen, bei denen ich in der Schwabenstadt einkaufen war, habe ich in einem großen Parkhaus geparkt. Ich glaube, um von dort zur Fußgängerzone zu gelangen, bin ich über diesen Markt gegangen. Stadtmarkt heißt er, wie ich gerade erfahre. Der Duft nach frisch zubereitetem Essen wird stärker. Einer von uns dreien macht kein Geheimnis daraus, dass er Hunger hat. Wer das ist, verrate ich an dieser Stelle nicht. Andreas und ich gehen aber mit, als Helmut zielstrebig auf ein Haus zugeht, das mitten auf diesem Stadtmarkt steht. Ok, man muss ihm zugutehalten, er hat durch sein Zuspätkommen zum Frühstück auch kaum etwas im Magen.

Wir gehen in das Haus. Es ist die Schrannenhalle. In ihr reiht sich ein kleiner Stand an den anderen. Es gibt Käse, Wurst und alles das, was es eben auf einem Markt geben muss. Zwei, drei Stände mit warmem Essen haben sich ebenfalls dazwischen gemogelt. Helmut bleibt bei einem Stand stehen, hinter dem frisches Gemüse und kleine Fleischstückchen im Wok brutzeln. Eigentlich habe ich noch gar keinen Hunger, das dachte ich zumindest noch vor 20 Sekunden. Aber bei dem Anblick läuft auch mir das Wasser im Mund zusammen. Der Imbissstand erinnert mich doch sehr an meinen Thailand-Urlaub vor Kurzem. Ich habe es geliebt, an den Straßenständen zu essen. Auch wenn die Stände noch so schäbig aussahen und der deutschen Hygieneverordnung keine 2 Minuten standgehalten hätten, das Essen war dort um Welten besser als in jedem Sternerestaurant. Wir bestellen dreimal Prio Wan Gai für jeweils 4,60 Euro, dazu drei Spezi. Gegenüber des Thai-Imbisses verlassen gerade zwei Frauen einen Stehtisch, den wir uns schnappen. Während wir essen, fragt mich Helmut: »Und Münchner, weischt, woher Spezi kommt?« Da ich keine Zweifel habe, dass er mit Münchner mich meint, suche ich nach einer Antwort. »Wie, woher soll Spezi schon kommen«, frage ich zurück. »Das ist halt Cola mit Fanta gemischt.« »Und wer hat's erfunden?«, werde ich gefragt, als wären wir hier in einem Werbespot für Schweizer Kräuterbonbons. Ich sage ihm, dass ich keine Ahnung habe, mir aber darüber noch nie Gedanken gemacht habe. Ich ahne aber schon, dass es irgendwas mit Augsburg zu tun hat. Richtig geahnt. Helmut klärt mich auf: »Spezi wurde vom Augsburger Brauhaus Riegele erfunden, vor über 50 Jahren.« »Echt jetzt?«, frage ich nach, worauf mir Helmut erzählt, dass sich die Brauerei den Namen »Spezi« in der Nachkriegszeit schützen hat lassen. Eigentlich für eine Biersorte. Doch dann kam alles anders. Die Gaststätten begannen Mischgetränke anzubieten. Oftmals Cola mit Orangensaft. Das Ganze hatte jedoch einen Nachteil: Die Mischerei verursachte erst viele angebrochene Flaschen auf dem Tresen und später die doppelte Menge Leergut, die unnötig Lagerplatz wegnahm. Deshalb begann man bei der Brauerei Riegele eine fertige Mischung in Flaschen abzufüllen und gab ihr den Namen Spezi. Dieser Begriff für das

Cola-Mix-Getränk ist heute so geläufig wie Tempo für ein Papiertaschentuch oder Tesa für Klebestreifen. Trotzdem darf nicht jede Brauerei Spezi vertreiben, weil die Lizenz in Augsburg liegt. Der große amerikanische Coca-Cola-Konzern beispielsweise nennt seine Spezi-Variante Mezzo Mix. Ich habe allerdings noch nie in einem Restaurant jemanden ein Mezzo Mix, ein Schwipp-Schwapp oder ähnliches bestellen hören, sondern immer Spezi. Tja, Augsburg halt.

Ich hätte ja nicht gedacht, dass ich an diesem Samstagmittag neben der Firmengeschichte von mobiheat auch noch etwas über die Historie einer Augsburger Brauerei lerne. Da wir gerade beim Thema Unternehmen und Verkäufe sind, ziehe ich komischerweise schon Parallelen zu mobiheat. Im Sommer 2015 verkauften Helmut und Andreas Firmenanteile ihres Unternehmens an den Offenbacher Energieversorger EVO. Ich habe damals in meiner Funktion als Presseverantwortlicher zwar eine Pressemitteilung geschrieben, habe aber nie gefragt, wie das Ganze genau vonstatten ging. Ich nutze unsere nette Mittagsrunde und stelle genau diese Frage. Etwas weniger auskunftsfreudig als beim Thema Riegele-Spezi beginnt Helmut zu antworten. »Letztendlich ist es am Ende nicht mehr als ein Termin beim Notar. Alles davor ist gar nicht so einfach zu erklären«, sagt Helmut. Ich sehe im Augenwinkel, dass Andreas, der übrigens immer als Erster fertig ist mit essen, schon wieder in seinem Büchlein blättert.

DENIM
GARMENTS
COMPANY

Jetzt auch
Masaman Gai
Spezi

Notizbuch

Im Februar 2013 ging es los. Wir bekamen einen Brief, der alles verändern sollte. Jemand fand die mobiheat mehr als nur gut. Was wollen die? Die wollen mobiheat. Drei, vier Mal gelesen, ja das steht da in diesem Brief. Wer sind die? Der Absender des Briefes war eine Beratungs-Bude aus Frankfurt, und diese Berater beschrieben den Interessenten der mobiheat so: Ein deutscher Global-Player, der in den Bereichen Industrie, Technik und Energie international ein gewichtiges Wort mitspricht. Nach dem wiederholten Lesen des Briefes rief ich gleich mal Helmut an und erzählte ihm von dem Brief. Wir gingen im Geiste sofort ein paar Szenarien durch. Die Geschichte unseres größten Wettbewerbers, der Hotmobil GmbH, war uns schließlich bekannt. Die ehemaligen Inhaber Marcel und Fabio kennen wir ja persönlich. Sie verkauften Hotmobil an den Energieversorger Mainova aus Frankfurt. Und deshalb war das gegenseitige Spinnen am Telefon für uns sehr einfach. Spinnen können wir sowieso sehr gut, das gibt uns Kraft und verleiht der Sache nicht so viel Gewicht, wie sie vielleicht wirklich hat. Wir diskutierten auch Dinge, die wir nur aus dem Fernsehen kannten und ich in Büchern las. Ein Buch ist mir besonders in Erinnerung geblieben: die Geschichte der Firma DEDON - exklusive Gartenmöbel. Der Inhaber und ehemalige Bundesligaprofi Bobby Dekeyser verkaufte sein Unternehmen und beschrieb diesen Verkauf ausführlich in seinem Buch »Unverkäuflich«. Im Fernsehen liefen wöchentlich Reportagen über Robert Geiss, der sein Textil-Unternehmen »Uncle Sam« veräußerte. Alle hatten eins gemeinsam, alle verkauften ihr Unternehmen und mussten in ihrem Leben nicht mehr Lotto spielen, um sich ihre Träume zu erfüllen. Jeder von uns hat doch schon mal davon geträumt, zu machen, was man will: Urlaub so lange man möchte, das Leben in vollen Zügen genießen und keinerlei finanziellen Druck mehr zu haben.

Irgendwie war das der Auftakt, über den Sinn des Lebens nachzudenken, obwohl wir das an diesem Tag sicherlich nicht wussten. Wir wussten auch nicht, dass dieser Brief einen langen Schatten vorauswerfen würde. Unsere Ursprungsvision war, mit Abstand der führende Anbieter für mobile Energiezentralen zu werden, den es so am Markt noch nicht gab. Wir wollten Europa mit mobiler Energie beliefern. Unser Geschäft lief sehr gut und wir hatten schon eine tolle Mannschaft mit vertrauensvollen Beziehungen zusammen. Unsere Vertriebsidee über die sogenannte Dreistufigkeit griff immer mehr, wir führten gerade das Warenwirtschaftssystem SAP ein und das Grundstück an der Autobahn A8 für unsere neue Firmenzentrale war zu diesem Zeitpunkt auch schon gekauft. Also lagen wir rundum voll im Plan unserer Umsetzung der ursprünglichen Vision.

Ein Verkauf war in unserer Planung nicht vorgesehen. Eigentlich war es eher umgekehrt, eigentlich arbeiteten wir gerade am Zukauf eines Wettbewerbers. Ok - eigentlich so nicht geplant, aber spannend ist so eine Anfrage trotzdem. Wir nahmen mit der Beratungsfirma, die uns angeschrieben hatte, Kontakt auf und schmissen uns in die ersten

Gespräche. Wir signalisierten, dass wir uns grundsätzlich einen Verkauf vorstellen konnten, aber nicht zu 100 Prozent. Wir wollten weiter mit an Bord bleiben, um auch sicherzustellen, dass unsere Ursprungsvision als Ziel erreicht wird. Unser Unternehmen wurde komplett unter die Lupe genommen. »Due diligence« nennt man diesen Vorgang in der Fachsprache. Die M&A-Verantwortlichen* und die Rechtsanwälte hauten sich die Fachwörter förmlich um die Ohren. Die Gespräche liefen gut und die Aufteilung der Geschäftsanteile war auch schon geregelt. Es gab sogar schon einen Termin beim Notar. Großes Kino für uns - hätte es da nicht ein Problem gegeben: Unser Bauch spielte nicht mit. Irgendetwas sträubte sich in uns gegen diese Transaktion. Wolfgang und Roland waren auch nicht voll überzeugt. Wir mussten der Sache auf den Grund gehen.

Im Vertrag gab es eine Pull-Option: Der Konzern konnte nach 5 Jahren unsere restlichen Anteile kaufen, wenn er es möchte. Und genau diese Option war unser Schmerz. Wir wollten nicht, dass wir nach 5 Jahren vielleicht unser

*M&A = Mergers&Acquisitions (Fusionen und Übernahmen)

Buch zuschlagen müssten. Der Konzern bestand aber hartnäckig auf diese Pull-Option und so ließen wir den - durchaus für uns privat lukrativen Deal - platzen. Ein unglaublich gutes und befreiendes Gefühl. Ich glaube, wir hatten absolut das Richtige getan. Man merkte es auch Wolfgang und Roland an. Alle gaben wir jetzt noch mehr Gas und unsere Gruppe wuchs dadurch noch enger zusammen. Es fühlte sich aber gut an, sich so intensiv mit der Zukunft zu beschäftigen und sich die Fragen beantwortet zu haben, warum ein eventueller Anteilsverkauf auch gut für mobiheat sein könnte. Aber jetzt waren wir erstmal froh, uns nur um die normale Arbeit kümmern zu dürfen. Außerdem gingen wir nicht davon aus, nochmal so eine Chance zu bekommen. Doch es dauerte nicht lange, dann kamen auch schon die nächsten Anfragen. Wir führten Gespräch um Gespräch. Diesmal wussten wir ja genau, was wir wollten. Nur einen Anteilsverkauf ohne spätere Pull-Option. Wir wollten auf jeden Fall immer als Gesellschafter dabeibleiben. Bei einem möglichen Käufer sollten wir in deren Organisation eine gewisse Gewichtung haben. Da wir mit

mobiheat
mobile Energiezentralen
Ihr Spezialist für mobile Wärme
electro
oil & gas
water
flex
www.mobiheat.de
mobiheat

mehreren Interessenten verhandelten, entstand in unseren Köpfen eine Art Rangliste, wer denn der Beste für uns sein könnte. Die Spitzenplätze waren theoretisch schon vergeben. Auf einmal erreichte uns noch ein Nachzügler, der ebenfalls Interesse an mobiheat hatte. Eigentlich hatten wir schon genügend Interessenten und unsere Rangliste stand. Doch dieser neue Interessent hatte etwas Besonderes an sich. Die Personen, die mit uns in Kontakt traten, waren komplett anders als die restlichen Bewerber. Kein Wichtigtun, kein Fachchinesisch. Wir tickten ähnlich und sie hatten etwas, was die anderen nicht hatten. Oder eben doch hatten - nämlich Größe. Sie waren als Konzern noch in einer Größenordnung, von der wir uns irgendwie emotional angezogen fühlten. So war es geschehen, die Energieversorgung Offenbach (EVO) stellte unsere Rangliste auf den Kopf. In der Zwischenzeit waren wir jetzt fast schon Profis, was solche Verhandlungen anging. Einmal mehr wurde eine »Due diligence« durchgeführt. Für die Verträge brauchten wir nur ganz am Schluss unseren Münchner Anwalt Dr. Ettinger. Dies lag sicherlich auch an unseren bis zu diesem Zeitpunkt gemachten Erfahrungen und an den künftigen Kollegen der Energieversorgung Offenbach, Jochen Ritter und Thorsten Glockemann. Wir waren auf einer Wellenlänge, für beide Seiten stand immer die Lösungsfindung im Vordergrund. Vor allem mit dem nötigen Respekt für die andere Seite. Seit dem 1. Mai 2015 ist die EVO nun Mehrheitsanteilsgesellschafter der mobiheat GmbH und Helmut und ich weiterhin Gesellschafter und Geschäftsführer. Seit dieser Zeit arbeiten wir weiter an der Erfolgsgeschichte: Klein und Groß – miteinander erfolgreich sein.

Mein Fazit: Ich glaube, meistens kommt es zu Unternehmenskäufen, weil ein Unternehmen etwas gut kann und erfolgreich damit ist. Allerdings verzettelt sich der Käufer oftmals so sehr mit Zahlen, Strategien, firmeninternen Dingen, dem Gerangel um Positionen, einfach mit Nebensächlichkeiten, dass er genau die Dinge, die er ursprünglich haben wollte, zerstört. Der Käufer erkennt oft nicht, dass der Erfolg von den Mitarbeitern und der Unternehmenskultur abhängt. Das

Elementarste, was er gekauft hat, ist das Erste, was er oft zerstört. Und dann geht über die Zeit auch der Rest den Bach runter. Das soll bei uns auf keinen Fall passieren. Dafür arbeiten wir. Und gemeinsam mit der EVO werden wir das schaffen.

Am Ende sind es immer die Menschen

Augsburg, Samstag, 14 Uhr

Während in Thailand den ganzen Tag irgendwo auf der Straße gegessen wird, muss sich der Thai-Imbiss in der Augsburger Schrannenhalle an die hiesigen Vorschriften halten. Ab 14 Uhr leert sich der Platz an den Stehtischen langsam, die Teller werden abgeräumt. Auch ich nehme den letzten Schluck aus meinem mittlerweile zweiten Glas original Augsburger Riegele-Spezi. Beim Verlassen der Schrannenhalle schießt mir wieder der Unfall durch den Kopf, der sich ereignete, als wir das letzte Mal ein Gebäude verlassen haben. Gottseidank dürfen auf einem Markt keine Autos fahren, denke ich mir und wir gehen durch einen Durchgang in die Augsburger Fußgängerzone. Was in München die Kaufinger Straße ist, nennt sich hier Annastraße.

Ich muss gestehen, die Geschichte über den Anteilsverkauf hat mich irgendwie beeindruckt. Über so etwas habe ich mir früher nie Gedanken gemacht. Für mich gab es einfach Firmen und Unternehmen. Wem die gehörten, wer die gegründet hat und wer sie gekauft oder verkauft hat, war mir eigentlich egal. Doch jetzt bekommt für mich so ein Verkauf irgendwie ein Gesicht. Es stecken Menschen, Schicksale und interessante Geschichten dahinter. Weil es mich wirklich interessiert, frage ich Andreas und Helmut, ob sich durch den Verkauf im Nachhinein alles so entwickelt hat, wie sie sich das vorgestellt haben. »Das Ganze ist ja nun mittlerweile knapp zwei Jahre her und ich muss sagen, dass die Erwartungen eigentlich übertroffen wurden«, sagt Andreas. »Woran liegt es, dass es in eurem Fall geklappt hat?«, will ich wissen. Helmut sagt, dass es ein Glück war, dass Marc zu mobiheat gekommen ist. Mit Marc meint er Marc Pehlke. Er ist heute der dritte Geschäftsführer von mobiheat und war bis zum Anteilsverkauf bei der EVO tätig. Offiziell ist er die Schnittstelle zwischen dem großen Konzern aus Offenbach und der verhältnismäßig kleinen mobiheat. Genauer gesagt ist er Übersetzer. Denn die Konzernsprache ist eine andere als die Sprache eines mittelständischen Unternehmens. Andreas hat mal gesagt, Marc sorgt für das gegenseitige Verständnis. Da ich weiß, dass Andreas oft für gegenseitiges Verständnis zwischen Roland, Helmut, Wolfgang und ihm sorgt, frage ich, wie das funktioniert, wenn quasi ein Fremder dazukommt. Er erzählt, dass er das erste halbe Jahr mit Marc sehr viel unterwegs war und so eine Beziehung aufbaute, um Marc auch der Gruppe näher zu bringen. Innerhalb dieser Gruppe konnte er ebenfalls intensive vorbereitende Gespräche mit den Jungs über Marc führen. So, sagt er, schafft man für das Unterbewusstsein schon im Voraus größeres gegenseitiges Verständnis. Denn am Schluss setzen immer Menschen die ursprünglichen Visionen und Pläne um. Kaputtmachen gehe durch das eigene Ego jedes einzelnen relativ schnell. Deswegen glaubt Andreas, ist diese Aufgabe seine persönlich wichtigste.

Heimat

Augsburg, Samstag, 15:14 Uhr

Fast schon ein wenig vertraut kommt mir dieses Augsburg vor, als wir Schritt für Schritt in die Richtung gehen, wo gestern dieser seltsame Ausflug begonnen hat. Mittlerweile empfinde ich ihn gar nicht mehr als so seltsam. Ich muss mir sogar eingestehen, dass sich die beiden Tage sehr gut angefühlt haben, so im Nachhinein. Interessant, spannend und skurril gleichzeitig. Trotzdem freue ich mich jetzt doch auf's Heimkommen. Kurz zweifle ich daran, dass wir wirklich zu unseren Autos gehen. Es wäre ja nicht das erste Mal, dass der Tag eine andere Wendung nimmt, als ich annehme. Ich spinne mir im Kopf zusammen, wie irgendwo in der Augsburger Innenstadt ein Hubschrauber landet und Helmut grinsend sagt, dass wir jetzt nach Österreich zum Heliskiing fliegen oder Andreas ein einwöchiges Weinseminar in Italien gebucht hat, welches noch heute beginnt. Aber nichts von dem passiert.

Und als wir nicht mehr weit von dem Italiener entfernt sind, vor dem unsere Autos geparkt sind, male ich mir aus, wie ich bald auf meiner Couch liege und die vergangenen zwei Tage Revue passieren lasse. Es fühlt sich gut an, an Daheim zu denken. Unweigerlich muss ich in dem Moment an einen Spruch aus einer meiner Lieblingsserien denken. »Dahoam is do, wo's G'fui is«, hat Regisseur Franz Xaver Bogner dem Schauspieler Ottfried Fischer für die Serie »Irgendwie & Sowieso« ins Drehbuch geschrieben. Wie verdammt Recht er doch damit hat. Ich habe es auch schon einmal mit einer Wohnung mitten in München versucht. Diese Anonymität war wichtig für mich. Wichtig, weil ich dadurch erkannt habe, dass ich in Wahrheit in dem kleinen Dorf zu Hause bin, in dem ich aufgewachsen bin. Dort, wo ich fast jeden Menschen kenne, dort, wo man mich kennt, dort, wo einfach 's »G'fui is«. So gerne ich München besuche, ein Vollzeitgroßstadtmensch werde ich in diesem Leben wohl nicht mehr. Im Gegensatz zum Unternehmensaufbau ist Heimat ein Thema, bei dem jeder Mensch mitreden kann. Weil er eine hat oder manchmal auch, weil er eben keine mehr hat.

Ich frage die beiden nach ihrer Heimat. Andreas antwortet sofort. Er sagt: »Kissing ist meine Heimat, es fühlt sich unglaublich gut an, wenn ich da bin. Ich werde aber allein schon deshalb nicht mehr zurückziehen, damit meine Erinnerungen an Kissing so positiv bleiben.« Auch eine interessante Variante,

Auch Urlaub muss sein:
Helmut mit Annett (oben)
und Andreas mit Margot und
ihren gemeinsamen Kindern.

seine ganz eigene Heimat zu wahren, denke ich mir. »Langsam fühlt sich der Ort, in dem ich jetzt wohne, auch richtig gut an«, fährt Andreas fort. »Ich habe schon fast ein schlechtes Gewissen, weil ich zu wenig für die Dorfgemeinschaft beitrage«, sagt er. »Aber vielleicht kommt die Zeit dafür noch.« Dann ziehen Helmut und Andreas einmal mehr eine Art Fazit über das Älterwerden, das sich ungefähr so zusammenfassen lässt:

Eigentlich lieben sie es, älter zu werden. Sie können nämlich heute Dinge tun, die ihnen vor 10 Jahren noch nicht gelungen wären. Sie glauben, es gibt ein Gleichgewicht zwischen Alter und Erfahrung. Erfahrung ersetzt Kraft. Aber harte Arbeit und viel Zeit zu investieren bleibt am Anfang keinem erspart. Und: Das Ergebnis wird noch interessanter, wenn man es mit anderen teilen kann.

Langsam kommt mir die Gegend wieder vertraut vor. Die graue Fassade mit den großen Schaufenstern und den abgenutzten Bistrotischen davor – wir sind wieder an dem Lokal angekommen, an dem wir gestern Salat mit Putenstreifen gegessen haben. Alles, was ich seit diesem Zeitpunkt erlebt habe, kommt mir so vor, als hätte ich es geträumt. Doch es war kein Traum, es war einfach ein verrückter aber interessanter Ausflug in die Geschichte eines Unternehmens und in die Geschichte einer Stadt, die mir gar nicht mehr so wurst ist, wie sie das noch vor knapp 30

Stunden war.

Meine zwei Begleiter steigen in Helmuts A6. Während Helmut sich angurtet, holt Andreas unbemerkt einen Strafzettel von der Windschutzscheibe und steckt ihn in seine Jacke. Ich stehe seitlich am Auto, bedanke mich durch das offene Beifahrerfenster und frage, ob das wirklich ihr Ernst sei, dass daraus ein Buch entstehen soll. »Klar«, sagt Andreas, »und ich weiß schon, was wir danach machen.« In dem Moment zieht er ein Büchlein aus seiner Tasche, das genauso aussieht wir sein schwarzes Notizbuch, das er die ganze Zeit mit sich rumschleppt – nur in der Farbe Blau. Ich schlage innerlich die Hände über dem Kopf zusammen und sage laut: »Nein, bitte nicht!« Wir lachen alle drei und ich gehe zu meinem Auto.

ENDE

Name: Helmut Schäffer
Geburtsjahr: 1967
Sternzeichen: Löwe
Kindheit: aufgewachsen am Fußballplatz und in den Bergen
Grundschule: 1974 bis 1978
Gymnasium: 1978 bis 1980
Realschule: 1980 bis 1984
Ausbildung: 1984 bis 1987 Zentralheizungs- und Lüftungsbauer bei Firma Pauly Kissing
Weiterbildung: 1992 bis 1994 Staatlich geprüfter Techniker Fachrichtung Heizung-Klima-Sanitär, 1994/95 Meisterprüfung Heizung-Sanitär
Beruflicher Werdegang: 1987 bis 1992 Heizungsbaugeselle bei Pauly Kissing
Selbstständigkeit: ab1995 SHK Schäffer Haustechnik Kissing, seit 2004 Gründer und Geschäftsführer mobiheat, 2013 3H-group Gründer und Geschäftsführer

Name: Andreas Lutzenberger
Geburtsjahr: 1975
Sternzeichen: Wassermann
Kindheit: aufgewachsen als jüngstes Kind in einer Großfamilie
Grundschule: 1981 bis 1985
Hauptschule: 1985 bis 1990
Ausbildung: 1990 bis 1993 Groß- und Außenhandelskaufmann bei Richter+Frenzel Augsburg
Weiterbildung: 1994/95 Handelsfachwirt IHK, 1998/99 Betriebswirt IHK
Beruflicher Werdegang: 1993 bis 1997 Verkauf Innendienst bei Richter+Frenzel, 1997 bis 2007 Innendienstleiter bei Buderus Heiztechnik Augsburg
Selbstständigkeit: seit 2004 mobiheat Gründer und Geschäftsführer, 2013 3H-group Gründer und Geschäftsführer

Name: Christian Chymyn
Geburtsjahr: 1976
Sternzeichen: Schütze
Kindheit: hauptsächlich draußen, glücklicherweise ohne Handy und PC
Journalistischer Werdegang: 2002 bis 2004 Volontariat zum Hörfunkredakteur bei Radio Melodie in München, bis 2008 Moderator und Redakteur bei Radio Melodie, 2009 Redakteur Radio Paloma, 2009 bis 2011 Tourneebegleiter/Bühnenprogramm, 2011 bis 2015 Redakteur Münchner Merkur/Dachauer Nachrichten, seit 2015 Presse- und Öffentlichkeitsarbeit mobiheat

Heute ist ein guter Tag zu starten
Die Erfolgsgeheimnisse des mobiheat-Gründers
Andreas Lutzenberger

ISBN: 978-3981859041
1.Auflage 2018, Augsburg
3 H group GmbH
URL: www.3h-verlag.de

Just do it
In five years to a successful company- hilarious company history of mobiheat

ISBN: 978-3981859027
1.Auflage 2018, Augsburg
3 H group GmbH
URL: www.3h-verlag.de